人生がうまくいく人の自己肯定感

精神科医／禅僧
川野泰周

三笠書房

はじめに――自分を支える根源的な心の力

人生にはさまざまな場面、局面があります。

仕事、人間関係、育児、恋愛、学業……といったものがそれですが、そのどれとも深く関わっているのが「自己肯定感」です。

もっといえば、**「自己肯定感こそが人生のもっとも重要なカギを握っている」**というい方をしてもよいのではないかと思います。

実際、最近はメディアでもしばしばこの言葉が取り上げられていますし、教育現場などでも重要視されるようになってきています。

とはいえ、まだまだ、「自己肯定感っていったい何?」という方も少なくないかもしれません。

自己肯定感――これと似た言葉に**「自尊感情」**というものがあります。

この二つは混同されていることが多いようですが、**自己肯定感と自尊感情は似て非**

なるものです。自尊感情は「他人との比較」のなかで得る、自分のほうが優れている、成功している、高い地位についている……といった、いわば「優越感」であり、一時的なものでしかありません。

一方、自己肯定感は誰かと比べてという相対的なものではなく、「自分という存在は大切である」という絶対的な、確信的な、揺るぎない感覚です。

自分を支える根源的な「心のありよう」、あるいは「心の力」――。

それが自己肯定感です。

ところが、現代人の関心は自尊感情を高めることばかりに向けられています。そのために目先の利益を求めたり、一時的な成功を手に入れることに躍起になったり、ときには人を傷つけてしまったり……。人生にとってより大きな意味を持つ自己肯定感は蔑《ないがし》ろにされています。

一億総自己肯定感欠乏症――。それがこの時代です。冒頭で挙げた人生の場面や局面で悩んだり、苦しんだりする原因のほとんどは自己肯定感が不足、低下していることにあると私は考えています。

自己肯定感を育て、高めていくには、まず、自分の心がどんな状態にあるか、すなわち「心のありよう」に気づき、それを明るく、前向きに、しなやかに整えていくことが必要です。

本書ではそのための、すぐに実践できる「ワーク」をたくさんご紹介しています。これらのワークに取り組むことによって心を整えれば、自己肯定感は高まっていきます。そして、高まった自己肯定感は心をさらに健康的なものに磨き上げ、より高い自己肯定感をもたらすのです。その好循環は、そのまま人生のさまざまな場面、局面にも好循環をもたらします。

何か大きなトラウマがある、性格的にどうしても前向きになれない、いつも失敗続きで自分のことを認められない……そんな方もいらっしゃるでしょう。

しかし、**自己肯定感は必ず高めることができます。誰でも、いつからでも、何歳であっても、「生きている限り」可能です。**

このことは精神科医として、また禅僧としてこれまでさまざまな心の問題を抱えた方々と向き合ってきた経験から、私自身が得た確信です。

本書は、頭から読む必要はありません。目次を見て自分に当てはまると感じるもの、興味が持てるもの、気になるものから読んでください。そこに、いま、あなたを悩ませている心のありようを変えるヒント、自己肯定感を高めるコツがあります。

明るく、楽しく、そして自分らしく人生を歩んでいくための「土台」となるのが自己肯定感です。さあ、その土台づくり、土台がためをはじめましょう。

二〇一八年七月吉日

川野泰周　合掌

目次

序章　努力より、環境より、才能より大事なもの

1章

自己肯定感の高い人、低い人の差はここに出る

2章 もっと〝マインドフル〟な人間関係をつくる

3章 「怒り」をどうコントロールするか

4章 だから、この人は仕事がうまくいく

5章 自己肯定感を高める、10のワーク

編集協力◎吉村貴／岩下賢作
本文ＤＴＰ◎株式会社Ｓｕｎ Ｆｕｅｒｚａ

序章

努力より、環境より、才能より大事なもの

あらゆる悩みの〝根底〟にある一つのこと

現代が悩み多き時代だということに異を唱える人はいないでしょう。

誰もが少なからず悩みを抱えています。

仕事、人間関係、育児、恋愛、学業……。悩みの種類もその深さもさまざまだと思いますが、**ほとんどすべての悩みをもたらす原因の根底にあるのは一つのことだ**、と私は考えています。

その一つのこととは、何か。

自己肯定感です。

文字どおり、自分を肯定する感覚、自分を受け容れる意識です。

この自己肯定感が高いか、低いかによって、悩んだとしても、それを乗り越えていくことができたり、逆に悩みにがんじがらめになってしまったり、という差が生まれるのです。

「コップに半分水が入っていたとして、それを『まだ半分も残っている』と思うか、それとも『もう半分しかない』と思うか」というたとえ話があります。これは人生における、あらゆる出来事に対するとらえ方に関連した話で、自己肯定感がそのときの心の反応を決める大きなカギとなります。

たとえば、仕事が思うようにいかなかった——この結果が同じものであっても、両者の「受け止め方」はまったく違ったものになります。

自己肯定感が高い人は、こう受け止めます。

「大満足というレベルではないけれど……自分としては精いっぱいやった。次はもっと頑張れそうだ。うまくやれるだろう」

一方、そうでない人は、

「とても満足できる結果じゃない。なぜできなかったんだ。なんでもっと頑張れなかったんだ。まったく情けない！」

という受け止め方をします。自分を責めて、悩んでしまうわけです。そして、次の仕事に関しても〝失敗〟のイメージばかり描きがちになります。

そんなイメージで取り組んだ仕事は、やはりいい結果は出にくくなります。それでますます悩みは深まるばかりとなるのです。

◆自己肯定感が、人生のカギを握っている

人間関係でも、自己肯定感の高い人は、うまくいかない相手に対して、こんなふうに受け止めることができます。

「ちょっとソリが合わないけれど、自分は誠意を持って相手に接している。それでいいじゃないいか」

ところが、自己肯定感が不足していると、なかなかこのようには受け止めることができません。

「ギクシャクしてしまうのは、自分に問題があるからだ。どうしたら、相手に受け容れてもらえるのか。わからない、いったいどうすればいいんだろう……」

やはり、自分を責めてしまいます。これでは、人間関係の悩みに翻弄《ほんろう》されることになってしまうでしょう。

このことは、一事が万事で、家庭内でも、恋愛でも、あらゆる出来事についてこうした対照的な受け止め方になるわけですから、「人生」という長いスパンで見れば、その差は大きなものになります。

自己肯定感が高い人が充実感を持って人生を紡《つむ》いでいくのに対して、そうでない人は、いつもくよくよと悩みがちで、いつも不安を抱えがちで、場合によっては心を病んでしまう、といったことにもなりかねないのです。

仕事、人間関係、育児、恋愛、学業……努力や環境、才能より先に来る大事なもの。それが自己肯定感です。

自己肯定感で人生が決まってしまう――。そんなふうにいっても、けっして過言ではありません。

心が折れやすくなってしまった、いまの人たち

自己肯定感を低下させる原因はさまざまあります。後の章で詳しく触れていきますが、ここではその「根本原因」についてお話ししておきましょう。

「葛藤の世代間伝達」

聞き慣れない言葉だと思いますが、これが自己肯定感を低下させる、最たる原因のひとつと考えられます。

ちなみに、「葛藤の世代間伝達」については、乳幼児や思春期の精神保健分野における権威であられる渡辺久子先生が注目され、数多くの著書や文献を通して繰り返し説かれています。

幼児期に親から虐待されたり、ネグレクト（育児放棄）に遭ったりすると、当然、子どものなかで葛藤が生まれますし、それがトラウマにもなります。その結果、子どもが成長し、自分も親となったとき、わが子に対しても同じような接し方、つまり、虐待やネグレクトをしてしまう、というのが葛藤の世代間伝達です。

人間は自分が経験したかたちでしか、次世代にそれを引き継げません。虐待、ネグレクトのなかで育てられた子どもは、親として自分の子どもに対するときも虐待、ネグレクトのかたちでしか接することができないわけです。

こうした親たちの心には、育児のまさにその現場で、どのような感情が湧き起こっているのでしょうか。

発達心理学ではこんなふうに考えます。

親に否定され続けて育った人は、自分自身を肯定することができません。すると、大人になり子どもを持つようになっても、子どもがちょっとしたことで駄々をこねたり、いうことを聞いてくれなかったりしたとき、「子どもにも否定されるのではないか」と恐怖を覚えるようになります。

その恐怖や不安から逃れたくて、「子どもに対して無理矢理にでもいうことを聞かせる」という行動に出るのです。

もちろん多くの場合、子どもの行動を否定するというかたちで。こうして、子育てしている本人も気づかぬうちに、子どものすることを否定する、ひいては子どもの存在価値をも否定するという「スタンス」が、世代を超えて伝達されていくのです。

◆「心の抵抗力（レジリエンス）」があるかどうか

高い自己肯定感を持つうえで親の愛情を感じることが非常に大切です。虐待、ネグレクトはそれとは正反対の親子関係ですから、自己肯定感が低いものとなるのは必然といっていいでしょう。

もっとも、戦時中や、戦後間もない頃の子どもたちには、まだ〝耐性〟がありました。**「心の抵抗力（レジリエンス）」**を持っていたのです。ですから、いまでいうところの親の虐待やネグレクトに相当するような体験があっても、なんとか踏ん張って、心が折れずに成長していけたと考えられているのです。

しかし、葛藤は世代間で受け継がれます。親となったその世代は子どもに対して、自分が親からされたような接し方しかできないことも多いのです。

問題は子ども世代の変化です。ゆとり世代、さとり世代という言葉がありますが、教育方針の転換によって子どもは大きく変わりました。詳細については本書では触れませんが、自己肯定感との絡みでいえば、**いまの若い世代の人たちは耐性が弱くなった、心が折れやすくなった**のです。つまり、葛藤の世代間伝達を跳ね返す心の力がガクッと弱くなってしまったわけです。

その結果として、葛藤、トラウマに押し潰されてしまい、自己肯定感を持つことができず、引きこもりやうつになってしまう人が増えているのです。

親との関わり方が、自己肯定感を持てるか、持てないか、あるいはそれが高いか、低いかを大きく左右します。

このことは、これから自己肯定感について考え、それを高めていくことを実践するためにも、まずしっかり頭に入れておいていただきたいのです。

自己肯定感は、必ず高めることができる

前項で、自己肯定感の高さ、低さは親との関わりで決まる、といいました。

「だったら、もうしかたがないじゃないか。幼少時代に戻ってやり直すことなどできないのだから……」

そう思われた方がいるかもしれません。

しかし、大丈夫。安心してください。

いつからでも、何歳であっても、自己肯定感を高めることはできます。

自己肯定感と性格は密接に関わっていますが、その性格は変えられるのです。

「生まれついての性格」といういい方をしたりしますが、精神科医の立場から厳密に

いうと、これは誤りです。

その人の人となり、人格というものがあります。この人格は二つの要素から成っています。「気質」と「性格」です。

このうち気質は生まれ持ったもの、先天的に与えられたものですが、性格は後天的に修飾されてつくられるものです。ですから、正しくは「生まれついての気質」ということになります。

性格は他人との関わりのなかで築き上げられます。他人と関わってさまざまな経験をすることで、どのようにでも変わるのです。

かりに親との関わりによって、自己肯定感が不足しているような性格になっていたとしても、他人との新たな関わりを持ち、新たな経験を積み重ねることで、性格は確実に変わっていきます。つまり、高い自己肯定感を持てるようになるのです。

私がクリニックで向き合ってきた患者さんたちは、その〝生き証人〟といっていいでしょう。

たとえば、年間一二回の「マインドフルネス教室」に参加され、日々のマインドフルネスに取り組むと、別人かと思うほどガラリと変わっていく方がたくさんいらっしゃいます。

何かにつけて自分を責め、「自分はダメなんだ」と決めつけてきたような人が、〝ダメ〟の束縛から解き放たれて、自分を認め（肯定し）、しっかり地に足をつけ、前を向いて、ポジティブに生きられる——。そんな人に変わることができるのです。

◆ベースとなるのは「禅」と「マインドフルネス」

私は自分自身でも〝変わる〟体験をしています。

それは、三〇歳から三年以上かけて経験した、禅の修行を通してです。

修行道場に入門した当初、私は、正直にいうと、修行に対して、「なんで、こんなきついことをしなきゃならないんだ。もう、やっていられないよ」という思いがあったものです。

しかし、修行を重ねるうちに、そんな自分が変わっていったのです。修行は三年あまりの期間でしたが、道場を出る頃には、自分でいうのは口幅ったいのですが、「肝が据わった」「腹が決まった」という感覚を持てるようになったのです。

ともに修行をした仲間も同じでした。「あのチャラチャラしていたあいつが、変われば変わるものだなぁ」と、仲間の変貌ぶりを見て、みんながそう感じていたに違いありません。

その後、私は精神科医との兼務のなかでマインドフルネスの指導をするようになったわけですが、そこでも先述したように同じ変化を目にしてきました。

マインドフルネスと禅――。

私はこの二つは同じもの、より正しくは、同じ方向に向かい、同じ結果をもたらすものだと考えています。これは、禅の修行とマインドフルネスの指導という二つの経験と知識から得た確信です。

本書でもこれから、この経験と知識をベースに、みなさまに「自己肯定感の高め方」をご紹介していきます。

1章

自己肯定感の高い人、低い人の差はここに出る

「自己肯定感」とは、こんな感覚のこと

人はたくさんの人たちとの関わりのなかで生きています。ですから、周囲の人のことが気になって当然でしょう。

問題は、その「気になり方」です。

「彼の営業成績はいつもトップ。それに比べてこの自分は……。いくら頑張っても、どうせかないっこない」

「彼女は美人だし、とてもおしゃれ。私なんか足元にもおよばないわ」

周囲にいる人と自分を比べて、自分が劣っているのを実感する。いわゆる劣等感を持つわけですが、この「気になり方」は自己肯定感の低下を招くことにつながります。

「自分なんか……」「どうせ私は……」といった思いがふくらんだら、自分を肯定することなどできないのではないでしょうか。それは、できない自分、およばない自分を嫌うことにも発展しかねない考え方といえます。

劣等感の裏返しが「優越感」です。人より自分は優れているという確信が優越感ですが、優越感を持っている人は自己肯定感も高いのでしょうか？

たしかに、ちょっと考えると、自分は仕事ができる、私は美貌の持ち主……といった思いは自己肯定感を高めてくれるようにも思えます。

しかし、です。世のなかは広いのです。ある会社で「仕事ができる」といわれている人が別の会社に転職して周りを見たら、「えっ、こんなにすごい人ばかりなの!?」と優越感が木っ端微塵《こ ぱ み じん》になる――ということはよくあることですし、「美貌の持ち主」があるパーティに出席して、そこに集《つど》っている、自分よりはるかに美しいと感じる人たちの多さに呆然とする――といったこともめずらしくはないでしょう。

私の勤務するクリニックの診察室には日夜、大人だけではなく、青少年の患者さんたちもいらしています。小・中学校では成績優秀で親や周囲から将来を期待されていたのに、地元の学区で一、二を争う高校に進学したところ、クラスメイトもみな同じかそれ以上に優秀で自分が埋もれてしまい、やる気を失って頑張ることを放棄して不登校になってしまった——という学生さんたちを何人も見てきました。

◆相手も認めるし、自分も認める——これが基本

どんな世界でも、上には上がいます。優越感はいつなんどき劣等感に転じてしまうかもしれない、きわめて不確かな、もっといえば、頼りにならない感覚なのです。**自己肯定感はそんな優越感とも、もちろん、劣等感とも違います。それらを乗り越えたところにある感覚です。**

先の仕事の例でいえば、その人が数字のうえで営業成績がトップであることは厳然たる事実でしょう。

だったらそれを素直に認める。しかし、営業という仕事には数字には表れないさまざまな面があります。一例を挙げれば、顧客への接し方といったこともそうでしょう。

自分がどんな顧客に対しても同じように、心からの誠意を持って接しているとしたら、自分に対する納得感があります。**自分に対する納得感は、自分を認めることにつ**

ながります。

またたとえ数字には反映されなくても、一人のお客さんから「○○さんに来てもらうと、なんだか気持ちが明るくなるね」などといってもらえたら、誰だって嫌な気持ちはしないはずです。

こうしたことを積み重ね、やがて「誠意を持ってお客さんに接する」という確固たる自分のフィールド、仕事のスタイルをかたちづくっていったとすれば、しだいに「数字」へのこだわりはなくなっていきます。言葉を換えれば、数字的な優劣という次元から離れることができます。つまり、そこを乗り越えているのです。

相手も認めるし、自分も認める。これが自己肯定感の基本です。

禅では他者のありようも、自分のありようも、それはそれとして受容していく姿勢を大切にしますが、マインドフルネスも同じです。自分を誰かと比べてしまった時点で、自分か他者のどちらかを意図的に変えさせようという思考への「執着」が生まれることになります。

変えようのないことで悩まない——。そういった生き方の姿勢も、自己肯定感を確立し、高めていく条件の一つになるのです。

一見、自信満々に見える人でも……

仕事をバリバリとこなし、プライベートな生活も謳歌している——。

みなさんの周りにもそんなふうに見える人がいるのではないでしょうか。そんな人に対しては、人生を自信満々に生きているという印象を持つかもしれません。

「さぞかし、揺るぎない自己肯定感、高い自己肯定感を持っているに違いない——」

たしかに、何もかもうまくいって、得意絶頂になるときが人生にはあるかもしれません。

そのとき心にあるのは**「万能感」**です。

自分はなんでもできる、自分ならどんなことでも思いどおりになる、という感覚といってもいいでしょう。

これは一見、自己肯定感にも思えますが、じつはそうではありません。自己肯定感とは似て非なるもの。はっきりいえば、誤った自己肯定感です。

万能感が自己肯定感と違うのは、「短期しかもたない」ということです。そう、万能感はずっと持続するものではないのです。

たとえば、アスリートでトップにのぼりつめる人がいます。オリンピックの金メダリストになったり、野球やサッカー、その他の競技で超一流といわれたりする人たちです。そこに宿りやすいのが万能感です。

もちろん、そうした人たちの多くはその実績を万能感ではなく、しっかりした自己肯定感につなげて、立派な生き方をしています。しかし、万能感に振り回される人もいないわけではありません。

金メダリストも、次のオリンピックでニューヒーローが現れれば、世間の人びとの口の端にのぼらなくなります。有り体にいえば、忘れられた存在になるわけです。超一流のポジションも永遠のものではありません。

そんなときに、万能感の怖さが現実のものになります。もはや〝万能〟ではない自分を受け止めることができず、自堕落になったり、自己嫌悪の念から逃れられなくなったりしてしまうのです。

それがエスカレートして、詐欺に手を染めたり、耐え難き劣等感を忘れるためドラッグに溺れたり……といった犯罪行為に走ることすらあり得るのです。

過去の栄光にすがりながら哀しき末路をたどった人たち……みなさんのなかにも、思い浮かぶ人がいるのではないでしょうか。

◆人生が順調なときこそ自己肯定感は試される

さて、その万能感と自己肯定感はどこが違うのでしょう。

端的にいってしまえば、**「内省」があるかどうか**です。

内省とは自分の内を見つめること、勇気を持って本当の自分と向き合うこと、といっていいと思います。

得意の絶頂にあっても、その得意を誇るのではなく、自分のいたらなさ、足りなさに思い至るかどうか。そして、それを真摯《しんし》に受け止められるか。受け容れられるか。

それが自分と向き合うということでしょう。

自分と向き合うことができる人は「万能感に魅入られる」ことはありません。万能感に魅入られない人は、自己肯定感をしっかり根づかせ、高めていけるのです。

得意のとき、自信にあふれるときは、万能感への道と自己肯定感への道の分岐点に立っている、というい方ができるかもしれません。

そのとき踏み出す一歩を誤らないという意志が求められるのです。

「減点法」では、いつまでも自分を好きになれない

あらゆるもの、あらゆることに対してパーフェクトでありたい、と考える人がいます。「**完璧主義者**」といわれる人です。

こうした人たちは、何事も完璧でないと気がすまないので、いつも足りないところにばかり目がいってしまい、満たされることがありません。

この「完璧主義」とよく似た概念が精神医学の分野でも古くから提唱されています。「森田療法」をご存知でしょうか？　二〇世紀初頭に活躍した精神科医、森田正馬《まさたけ》が考案したこの精神療法は、日本人に多い「神経質」という性格的特徴から来るさまざまな精神疾患、すなわち「神経症」を治療するための方法として、いまでも世界中の

精神科医に知られる治療技法です。

その治療理論のなかで、「神経質」の特徴として、

「反省の念が強い」

「執着心が強く融通がきかない」

「心配性」

「完全をめざす傾向が強い」

といった要素を挙げています。これらの特徴は、程度の差こそあれ多くの人が持っているものですが、その**神経質の傾向が強すぎる場合、自己肯定感の育みを阻害する要因になりかねません**。

こまやかな神経で完璧を求めますから、細部まで気になり、不足しているところに目が向きます。些細なことであっても「これができていない」「あれがまだ不十分だ」ということになるわけです。

もちろん、何から何まで完璧に行なうことなど不可能ですから、今度はできない自分、不十分な自分を許せなくなって、自己嫌悪に陥ることになります。手洗いが完璧にできていないからと、手を洗い続ける人がいますが、これは完璧主義が、「強迫性

障害」（昔でいう「強迫神経症」）という病気の領域にまで進んでしまったといえます。

完璧主義者の自己肯定感は概して低下しやすいものです。逆に自己肯定感が低いから完璧主義者になるともいえます。自分を認めるところ、受け容れるところが少ない、すなわち、自分自身をなかなか肯定できないから、なんとか肯定するところをつくろうと、自分に課題を課すわけです。

課題を一つクリアするごとに完璧に近づくという思いがあるわけですが、その行動はいつまでたっても終わることはありません。いうまでもありませんが、すべてのことに関して完璧な人間などいるはずもないからです。

完璧主義者は、急き立てられるように常に課題と格闘しています。だから心が休まることがありません。いつも不安を抱えながら生きているのがこのタイプの人たちです。

理想的な自分、自分が求める完璧な人間を一〇〇点と見立てて、そこから「減点法」で現在の自分を考えるというのが、完璧主義者の自己認識の方法です。自分にはこれも足りない、あれもできていない……というふうに一〇〇点からどんどん減点していくのです。

一〇〇点満点は見果てぬ夢。いつもそこにいるのは三〇点足りない自分、四〇点足りない自分ということになり、**肯定できる自分とはいつまでたっても出会えないこと**になります。

◆一流アスリートが「瞑想」をする理由

ただし、これとは違ったタイプの完璧主義もあります。

好例が米大リーグで長く活躍を続けたイチロー選手でしょう。これは伝え聞いた話ですが、イチロー選手は日頃のルーティン・ワークとして、「瞑想」に取り組んでいるようです。

イチロー選手ばかりでなく、ゴルフのタイガー・ウッズ、バスケットボールのマイケル・ジョーダン、テニスのノバク・ジョコビッチといった、**トップ中のトップにいる（いた）選手たちはよく「瞑想」をすることで知られています**。

完璧を求めながら、これまでお話ししてきた完璧主義者にならない理由の一つは、そのことにあるのではないかと思います。

瞑想はそのときどきの自分のありのままを受け止めることにつながります。静かに自分を見つめることで、そのときの自分と一体になれる、といういい方ができるかもしれません。

別のいい方をすれば、**瞑想をすると、過不足のない自分を、努力に見合った自分を感じることができる**のです。

しかし、そこにとどまってはいないのがイチロー選手の凄さです。自分を認めたうえで、そこからさらに努力できる自分を知っている。イチロー選手の言葉にこんなものがあります。

「結果は出ているからいまの自分でいいんだという評価を自分でしてしまったら、いまの自分はない」

いい成績を上げている自分を認めながら、目線は上（より高いレベル）に向けられています。ですから、揺るぎない自己肯定感を持って、「もっとできる自分」を感じ、努力を続けていけるのです。単なる完璧主義者とは一線を画した「求道者」の趣です。イチロー選手のレベルにまで到達することは、なかなかできることではありませんが、私たちも、少しでも近づけるよう見習いたいものです。

たとえば、美容整形で自己肯定感は高まるか？

みなさんは自分のなかに愛せるところを持っていますか？

自分に愛せる部分があると感じることは、自己肯定感を持つうえで、自己肯定感を高めるうえでとても大切なことです。

もっと愛せる自分になりたい……しかし、そのための方向性を間違えると、困ったことになります。

たとえば、容姿に自信がないから、それを少しでも磨くことで愛せる自分になろうとする。美容整形やダイエット、エステなどに取り組むというのがそれに当たるかもしれません。

もちろん、それらをすべて否定するつもりはないのです。より美しい自分、よりほっそりした自分、よりプロポーションがよくなった自分……は、もっと愛せる自分になるのでしょう。

「外見」を変えることは、短期的には自己肯定感を高める効果がある。そのことは、私も認めるところです。しかし、問題は「どこまでやるか」です。どこまで美しくなれば、ほっそりすれば、プロポーションがよくなれば、満足が得られるのでしょうか。

おそらく、どこまでいっても一〇〇%の満足は得られません。その欲望や執着は尽きることがないからです。一つ欲望が満たされれば、すぐにも次の欲望が頭をもたげる。一つ執着がかなえば、新たな執着が生まれる。終着点はないのです。

◆「自分を愛する理由」を外に求めない

そのことを背景に隆盛を続けているのが、いわゆる「コンプレックス産業」でしょう。一カ所、どこかを美容整形すると、他も直さずにはいられない。一回その美容商品を使うと、使い続けないと不安になる……（そうした商品に限って「定期購入特価」が設定されていることにお気づきでしょうか？　使い続けることを前提とした商法の典型例ですね）。コンプレックス産業が拠って立つのは、そうした人の心のありようです。

いずれにしても、**外見的な変化に愛せる自分を求めても、一定の効果はあるかもしれませんが、本物の自己肯定感を高めることにはつながらない**、といっていいと思います。

あるがままの着飾らない自分を愛せるのが、本物の自己肯定感です。つまり、**「素の自分」をまるごとそのまま肯定する**ということです。ちょっとぽっちゃりでも、平均身長より少し小柄でも……それが素の自分です。

自分をそっくりそのまま受け容れたら、愛したら、肯定したら、心は格段にラクになります。そして人生が豊かにもなっていくでしょう。

そして、「自分という人間がこうして生きているだけで素晴らしいじゃないか」と思えてきたら、素晴らしい。自己の存在価値という真理にたどりついたことを意味するのです。それこそまさしく禅の心です。

ここで禅語を一つ紹介しましょう。

「独坐《どくざ》大雄峰《だいゆうほう》」

修行僧が百丈《ひゃくじょう》 懐海《えかい》禅師に、

「この世のなかでもっとも素晴らしいことはなんですか？」

と尋ねたときの答えとされるものです。その意味は、

「この大自然のなかで、ただ、自分が一人で坐っているそのことこそ一番素晴らしいのだ」

ということです。

「生きているだけで素晴らしい自分」を愛すること。それが究極の自己肯定感だ、と私は思っています。一歩ずつでいい、いや、半歩ずつでもいいから、そこに近づいていきましょう。

自分に無理をさせない人は、自己肯定感が高い

いつも何かに追われるように無理して頑張ってしまう……。そんな人が少なくないのではないでしょうか。

しかし、心（気力）にも身体（体力）にも「キャパシティ」というものがあります。「無理は禁物」です。頑張りすぎ、キャパシティオーバーは、心身を消耗させることにしかなりません。

無理を重ねるのは、現状に満足できない、もっといえば、いまの自分を受け容れられないからなのです。そこには「こんな自分ではないはずだ」「自分は○○でなければいけないのだ」といった思いがあるのです。

「〜のはず」「〜でなければならない」というのは、いまの自分は本来の自分ではない、と思っているということです。本来あるべき自分と現実の自分との間に大きなギャップがあるわけです。

こうしたいわゆる**「べき思考」は自己肯定感の低下を招きます。**しかも、いったんそれにとらわれるとなかなか脱することができません。埋められないギャップにもがき苦しむことになるのです。

しかし、考えてみてください。自分の〝あるべき姿〟とはなんでしょう。頭で勝手に考えている、思い描いている、なんら実体のないものではありませんか？

◆「諦念《ていねん》」は、前向きに生きるための知恵

私が禅の老師（お師匠さん）にいただいた、こんな言葉があります。

「頭で考えるな。腹で考えよ」。頭で考えるから、「べき思考」に引きずり込まれて、なんとか〝あるべき姿〟に近づこうと右往左往することになるのです。

「腹で考える」とは、自分のありよう、物事のありように「まかせる」ということで

す。まかせてしまえば、「べき思考」から離れて、いまいる場所でどっしりとしていられる。「どうにかしなければ、何かにならなければ」という気持ちが、「なるようになるさ」という気持ちに転じるのです。

そうすれば、心からも身体からも力みが抜けます。

日本で曹洞宗を開かれた道元禅師は、「身心脱落《しんじんだつらく》」という言葉を使っておられますが、**人生において「力まない」ということはきわめて重要です。**

すべてのことを、力むことなく、受け止めていく——。それが最高の自己肯定感といってもいいかもしれません。

「しょうがない」という言葉の語源をご存知でしょうか。

「しようが無い」つまり「やりようが無い」という状況のことを指しているのです。

ネガティブな意味で使われることの多いフレーズですが、「対応のしようがないので、いまは手放してしまおう」という潔い姿勢ともいえるでしょう。

順境にあろうが、逆境にあろうが、それが自分の置かれた状況、境遇なのだから、「しょうがない」と受け止める——。

そして、「なるようになるさ」という気持ちで、正面から向き合っていく——。

そういった振る舞いを選択できる心の背景には、少々のことには微動だにしない、高い自己肯定感があります。

厳しい修行を積み重ねた禅の高僧方からはそんな風情が感じ取れます。もちろん、一朝一夕にたどりつける境地ではありませんが、そこに向かって歩みはじめることは、いつからでもできます。

まずは、実体のない〝あるべき姿〟を払拭しましょう。

仕事や恋愛が失敗続きの人の「心の習慣」

人間は習慣性の高い生きものだといわれます。無意識のうちに習慣にしたがって、考えたり、行動したりしているのです。

この**「習慣」と「自己肯定感」には深いつながりがある**といえます。

禅や仏教の瞑想を、科学の目で吟味して、現代における実践法を打ち立てたのが、昨今話題となっている**「マインドフルネス」**です。

そのマインドフルネスの分野で、よくたとえて表現される**「記憶や感情の奴隷」**という言葉があります。

これは過去の記憶や抱いた感情に支配されているということを示すものです。たとえば、過去に仕事に失敗した経験があると、いつまでもその記憶が残り、その後、仕事に取り組んでいても、失敗のイメージしかつくれなくなって、結局、失敗を繰り返してしまうということがあります。

〝失敗した〟という記憶に支配されている、その記憶の奴隷になっているのです。感情についても同様で、失敗したときに抱いた「うまくいかないな」という思いに、いつまでも引っ張られて、同じ結果を招いてしまう。こちらは感情の奴隷になっているわけです。

◆「心のしこり」に気づき、それをほぐす

このように、**いつも失敗のイメージしかつくれない、失敗したときの感情が湧き起こってくるのは、それが「心の習慣」になっているということに起因します。**そして、この習慣は自己肯定感と結びついています。

仕事に限ったことではありません。恋愛でも同じことが起こります。うまくいかなかった恋愛の記憶が、その後の恋愛を不首尾に終わらせることになったり、そのとき

に傷ついた感情が、いつまでも心の「しこり」となって、恋愛に対して怖れを抱くようになったり、といった具合です。

この習慣を変えない限り、なかなか自己肯定感を高めることはできません。それどころか、失敗する自分、ダメな自分という認識が深まって、「自分にはなんの価値もない」というところに落ち込んでしまうことにもなりかねません。

この流れに歯止めをかけるには、**「自分を俯瞰《ふかん》して見る」**ことが必要です。

認知心理学では**「メタ認知」**といいますが、仕事や恋愛、人間関係……のなかで、自分はどう考え、どのように行動しているかを、客観的に眺めてみるのです。

誰でも他人を見て、「こんな考え方をする人なんだ」「この人の行動パターンはこうなんだ」といった判断をします。その視線を自分自身に向けるのです。

そうすることで、「記憶や感情の奴隷」になっている自分に気づきます。

「そうか、自分は物事に向き合うとき、いつも過去の失敗を思い出して、〝今度もそうなったらどうしよう〟と考えてしまうんだな――」

こういったことが、俯瞰することで得られる「気づき」です。

英語ではこの気づきの能力を「awareness（アウェアネス）」と表現し、マインドフルネスを体現するために必須の要素と位置づけられています。

気づきは「変化」の原動力です。それまでの（記憶や感情の奴隷になっている）習慣に歯止めがかかり、やがては習慣から抜け出すことができるはずです。それは、自己肯定感を高める準備が整ったことにほかなりません。

自分の考え方や行動にどのような傾向があるかを知るには、いったん俯瞰で見る、外側に目線を置くことが大切だと思います。さあ、いまからそれを新たな習慣にしてください。

過去にいつまでも心を注がない

こんな言葉があります。

「人は昨日にこだわり、明日を夢みて、今日を忘れる」

思い当たると感じている方はいませんか？

人は日々、さまざまな経験を積み重ねて生きています。そのなかには楽しい経験、幸せな経験もあれば、苦い経験、つらい経験もあるでしょう。

こだわってしまいがちなのは、苦い経験、つらい経験のほうかもしれません。

「あのとき別の方法を取っていたら、こんなことにはなっていなかったのに……」

「もう少し慎重にすべきだった。そうしたら、いい結果が出ていたはずだ」

すでに通り過ぎていった過去のことをあれこれ思い悩む。昨日にこだわっているのです。

しかし、いくらこだわっても、過去に戻ることはできませんし、そこからやり直すこともできないのです。いたずらに思いに縛られるだけです。

これを**「想念の呪縛」**といい、未来についても同じことがいえます。

「ウチの会社の経営状態が悪化しているようだ。もし、リストラなんてことになったらどうしよう」

「最近、なんだか子どもが反抗的になって、様子がちょっとおかしい。道を外したりしないかしら」

まだ現実にはなっていない未来のことを心配したり、不安がったりする。**心配や不安を先取りする**——これも想念の呪縛です。

しかし、実際に将来、未来にどんなことが起きるのかは、誰にもわかりません。わからないことに対してできることがあるでしょうか。手も足も出ない、どうすることもできないのです。

しかも、後悔や不安には限りがない。無限に広がっていきます。後悔が後悔を呼び、不安が不安をふくらませる、という図式です。

◆「いま」「目の前」にある「一つ」のことだけやる

後悔も、不安も、自己肯定感の低下を招く要素です。そんなどうすることもできないこと、どうにもならないことは「放っておく」。それが禅（マインドフルネス）の考え方です。

放っておくというのは、過去についていえば、過去をないことにして忘れるとか、過去を無視するとか、そういうことではありません。どんな過去であっても、

「そういうことがあったなぁ。それもかけがえのない経験なんだな。だからいまはそのまま受け取っておこう」

と事実を事実として率直に受け容れるということです。

これが過去に「ケリ」をつける最良の方法です。そのうえでこう考える。

「自分ができることは『いま』『目の前』にある『一つ』のことしかない」

これは禅の教えそのものですが、そうであるなら、そのことにひたすら集中する。

そのことを味わい尽くす。それしかないのではありませんか。

野球やサッカーなどの試合で、よく「ワンチャンス、ワンチャンス」というかけ声が選手間で起こります。いま、そこにある、一つのチャンスに集中しよう！　ということです。

生きることもまったく同じ。いまが大事、目の前にある一つのことが大事なのです。そのことを心に刻んで、精いっぱいやっていけば、納得感も充実感も得られます。そして自己肯定感も高まっていきます。もちろん「想念の呪縛」に陥ることもありません。

「即今《そっこん》、当処《とうしょ》、自己《じこ》」

これは、たったいま（その一瞬）、その場所で、できることを自分でやる、このことの大切さをいった禅語です。

いつも高い自己肯定感を持って生きるための「鉄則」といってもいいでしょう。

「やるべきことをやった」という思いを積み重ねる

誰でも目標や課題、つまり、「やるべきこと」を複数抱えています。それらを同時並行的に処理していく、いわゆる「マルチタスク（複数の作業を同時に行なうこと）」が、現在の仕事への取り組み方の主流になっているのかもしれません。

仕事は効率を求められますから、効率的にもそれがいい、と考えている人も少なくないと思います。しかし、私自身の体験からいえば、あまりにもマルチタスクな状態が続くのはおすすめできないのです。

ありがたいことに、最近、私は、講演の依頼を同時期に二つ、三つといただくことがあります。たとえば、三つならその時点で三つの課題と向き合うことになる。当然、テーマは違いますから、それぞれについて準備が必要になります。

そこで、三つの準備を同時に進めようとすると、これがうまくいかないのです。一つの講演の準備をしている間にも、「そうだ、あちらの資料も集めておかなければいけないな」と他の準備のことが頭から離れず、集中力が分散されるわけです。

その結果、三つの準備ともに「質」が低いものになってしまいます。準備の質が低ければ、講演の内容自体のレベルもそれなりのものにならざるを得ません。

講演を終えて、私は考えます。

「もう少し、この講演のためにやれることがあったな。やっておくべきだったな」

こういった、**「やるべきことを十分にしなかった」という思いは自己肯定感を低下させる。**このことは、説明するまでもないでしょう。

◆「なすべきことをなす」ための、私の方法

そんな経験から、私は現在**「ペンディング方式」**を採用しています。複数の課題を同時期に与えられても、仕上げるべき順番は決まっているはずです。その順番にした

がって、**最初に仕上げなければいけない課題に全集中力を傾け、他の課題は上手にペンディングする、**というのがそれです。

ペンディングのやり方はそれぞれで工夫していくのがいいと思いますが、たとえば、メモなどに、「課題②：スライド資料作成→○月○日までに」「課題③：雑誌Aの原稿執筆→○月○日までに」と書いて、見えるところに貼っておくのです。

一つの課題につき一枚の「ふせん」をデスクトップパソコンの画面のふちに貼る方法もおすすめです。もちろん、パソコンやスマホの画面自体をメモ代わりにしてもかまいません。

「準備のデッドライン」を明確に記しておくことで、締め切りがもっとも近いタスク以外は頭からいったん離れ、当面やるべきことに視点が定まり、集中できます。

私はこのペンディングのやり方を勝手に「ポストイット方式」と命名していますが、そうすることで、マルチタスクを抱えていても、その一つひとつについては、シングルタスクとして取り組むことができるのです（本来「ポストイット」という名称はスリーエム社が発売しているふせんの商品名です。私はこのポストイットを貼ってやるべきことを整理しているので、お名前を拝借しました）。

すると、講演でいえば、

「いまの自分ができる限りの準備はした」

という気持ちで臨めます。

実際の講演の成否については聴衆の方におまかせするしかありませんが、私自身は満足感、納得感を持って講演を終えることができます。**結果がどうあれ、自己肯定感が下がることはない**――。それも次につながる心の持ちようとして大事なことだと思います。

マルチタスクをシングルタスクに切り替えるこの「ポストイット方式」、みなさんもぜひ、試してみてはいかがでしょう。

自分に「ない」ものをあれこれ探し回らない

人の個性はさまざまです。基本的な性格にしても、豪放磊落《ごうほうらいらく》という人もいれば、ナイーブで繊細という人もいる。何事につけてもおおらかな人もいれば、細やかな人もいるわけです。

それぞれが自分の個性を正しく受け止め、大事にして、さらに磨きをかけていけば、自己肯定感はどんどん高まっていくはずです。ところが、これが案外、難しいことのようなのです。

とかく自分に「ない」ものに目がいきがちである、という傾向が人にはあるからです。〝性《さが》〟といっていいかもしれません。

「彼のリーダーシップは素晴らしい。自分にもあのような優れたリーダーシップが備わっていたらなぁ」

「彼女の気配り力は本当に素晴らしい。あの一〇分の一でも私にあれば……」

そんなふうに、自分に「ない」ものがとても気になったりする。

減点法で自分を評価することは自己肯定感の低下を招く、ということは先述しましたが、**「〜がない自分」を思うことは、まさに自分を減点法で見ることです。**リーダーシップがないからマイナス一〇点、気配りに欠けるからマイナス一〇点……というわけでしょう。

◆「捨てたもんじゃない自分」をどんどん発見する

繰り返しますが、このように自分を減点法で見ていくと、自己肯定感はなかなか高めていくことはできません。

しかも、自分にないものを得るのは容易なことではありません。

たとえば、もともと内気な人が積極果敢な社交性を身につけようとしても、おいそれとできるものではありません。

さらに悪いことには、その不可能なことができないことで、さらに自分で自分を貶《おとし》めることにもなりかねないのです。「自分には人づき合いなんてできないんだ」といった具合です。

「ないものねだり」はきっぱりやめる。これは自己肯定感を高く持つうえで大切なことだと私は思っています。

そして、**「ない」ものに向いていた目を自分に「ある」ものに向ける**のです。すると、自分の見え方がガラリと変わってきます。

自分にはないリーダーシップに向いていた目を、自分が持っている粘り強さ、辛抱強さに向けたら、「粘りじゃ人に後れは取らない。そうか、自分はそう捨てたもんじゃないじゃないか」と思えてきませんか。

自分に欠けている気配りに向いていた目を、生まれ持っている太っ腹な気性に向けたら、「〝姉御肌〟なんていわれて、くすぐったい気がしていたけれど、けっこう〝イケてる〟じゃない、私も」と思えてこないでしょうか。

こんな捨てたもんじゃない自分、イケてる自分を肯定することなら、できそうではないですか。誰もが、自分にすでに「ある」ものだけで十分、肯定する価値があるのです。

このことに、ぜひ、気づいていただきたいと思います。

みなさんのなかには、自分が考えるより、はるかにたくさんの「ある」が埋もれています。さあ、それを掘り起こし、磨いていきましょう。

必要なのは、「自尊心」よりも「自慈心」

自己肯定感の土台にあるのは何か――。そう尋ねられたら、私はこう答えます。

「自分を大切にすること、その心を持つことです」

自分を大切にするとは、他人のことはさておいて、もっといえば、他人を蔑ろにして自分の「利」を求めることではありません。

どこまでも自分を慈《いつく》しむこと、自分という存在を全面的に認めて、全面的に受け容れること、といってもいいかもしれません。禅的、あるいはマインドフルネス的にいえば、

「いま、ここに、こうして命をいただいている自分は素晴らしい。なんと、なんと、

ありがたいことか」

という思いでしっかり腹を据えること、といういい方ができると思います。それこそが「自分に対する慈悲」であり、これを略して**「自慈心」**といいます。欧米式に表現すれば「Self-Compassion（セルフ・コンパッション）」です。

この自慈心は、自己肯定感の土台になるものです。少し表現を変えれば、自慈心という土壌のうえに自己肯定感は芽吹き、育ち、大きく花開いていくのです。

◆「ありがたい」という気持ちで心を満たす

一方、人には「自尊心」というものがあります。文字どおり、自分を尊《たっと》ぶ心です。自慈心もこの自尊心に近いという気がするかもしれませんが、違います。

自尊心という言葉は、「自尊心をくすぐられる」「自尊心を傷つけられる」といった使われ方をします。違いはこのいい方が明確に示しています。**自尊心をくすぐられるのも、傷つけられるのも、「誰か」によってです。**

つまり、自尊心は自分と関わりがある相手、その誰かによって左右される。くすぐられもするし、傷つきもする、ということでしょう。

たとえば、「今回は素晴らしい仕事をしたな。いや、みごとだった！」と、上司からそんな称賛の言葉をもらえたら、自尊心は高まらずにはいないでしょう。

しかし、別の機会に同じ上司から、「交渉が流れたって？　君の詰めが甘かったんじゃないか。期待していたのにまったく散々な結果だな」といった叱責の言葉を浴びせられたら、自尊心はいたく傷つけられることになるはずです。

そのときどきの状況によって、関わる相手の対応によって〝乱高下〟するのが自尊心であり、一方、自慈心は、状況がどうあろうと、相手の対応がどのようなものであっても、けっして揺らぐことはありません。

命ある存在が素晴らしい、生をいただいてありがたい、という思いは、いかなる状況とも、他者の対応とも関わりなく（それらに左右されることなく）、自分自身の心に立脚しているものだからです。

命の素晴らしさを感じてください。生きていることのありがたさを思ってみてください。それは必ず、自分の内なる自慈心を目覚めさせることになります。

“美意識”を養うことは、大きな力になる

自己肯定感を培《つちか》っていくうえで大きな力になるのが、「**美意識を養う**」ということです。

美しさに対する感性には、もちろん個人差（好みといったほうがいいかもしれません）がありますが、美しいものを素直に美しいと感じる目――美意識の根幹、あるいは底流といってもいいと思いますが、それは共通しているのではないでしょうか。

では、どうすれば美意識が養われるのでしょうか。

これは単純明快です。**美しいと思えるものを、とにかくたくさん見ること。美しいものにたくさん触れること。**このことに尽きます。

身もフタもない答えじゃないか、と思われるかもしれません。しかし、美しいと感じられるか、感じられないかは、心のありようと深く関わっているのです。

たとえば、**自己肯定感が不足している人は、どんなものを見ても美しいと感じられません。**うつ病や、うつ状態にある患者さんたちは、自己否定や自責の念に支配された状態となります。どんな美しいものを見ても「灰色の世界」のように見えたり、おいしいものを食べても「砂を噛んだような味気なさ」を感じたりすることも知られています。

そして治療によって徐々に回復していくなかでだんだんと自己肯定ができるようになっていき、美しいものを美しいと思えるような心の感受性も取り戻していくのです。

うつ病の状態に限らず、**自己肯定感が極端に低い状態では、自然の美しい風景やすぐれた絵画、彫刻、書などの芸術作品に接しても、感動や喜びが湧いてこない**のです。

これは、医学的にいえば、それらをうながす脳内の神経伝達物質である、ノルアドレナリンやドーパミンが十分に機能しなくなるからですが……このあたりはあまり気にしないでください。

視覚だけではありません。この〝感動能力欠如症〟とでもいったらいいような現象は、聴覚、嗅覚、味覚……と五感全体におよびます。

たとえば、バラのいい香りをかいでも鼻につくだけですし、小鳥のさえずりや川のせせらぎを聴いても耳障りとしか感じられない。また先に述べたように、おいしいごはんをいただいても砂を噛むような味気なさがする、といったことになるわけです。

しかし、**美しいものを見続ける、触れ続けることによって、心に変化がもたらされます**。以前は美しいともなんとも感じなかったものを、「あっ、きれいだな。胸を打つものがあるなぁ」と感じられるようになるのです。

それは「心のありよう」が変わったことで、感性にも変化が起きたのです。美しいもの、美なるものの「不可思議な力」がはたらいた、ということなのでしょう。

◆「正念《しょうねん》」と「妄念《もうねん》」——心のありようを変えるヒント

それまでネガティブ一辺倒だった心のありようがポジティブになれば、感性もポジティブになって、物事をポジティブにとらえることができるようになる——。これは心の法則といっていいと思います。

そのことを江戸時代にすでに喝破《かっぱ》していた人がいます。

臨済宗の中興の祖とされる白隠慧鶴《はくいんえかく》禅師がその人です。

白隠禅師は**「正念」**と**「妄念」**という言葉を使われています。そして、次のように説かれました（私がわかりやすく表現を変えています）。

この世界がどのようなものであるかは、その人の目と心を通して判断されるのである。その判断、見方には「正念」と「妄念」がある。

たとえば、雨の日の庭を見て、ある人は、「雨なんか降ってうっとうしいだけじゃないか。こんな日の庭を見ていると、気分まで落ち込んでくる」と感じるであろう。

それは「妄念」で見ているからである。

一方、同じ庭を見て、こう感じる人もいる。「雨滴を浴びて、木々の緑がいっそう映えている。とても美しい風情だなぁ」。

これは「正念」で見ているのである。その妄念と正念を分かつのは、心のありようである。

かいつまんでいえば、白隠禅師はそのようなことをおっしゃっているのです。つけ加えるとすれば、マインドレスな状態で見ている状態が妄念、マインドフルに見ているのが正念ということになります。

ちょっとしたことがきっかけになって、心のありようは変わります。美しいものを見続ける、触れ続けていく。それが有力なきっかけになると知っておいてください。

お釈迦様の自己肯定感について——私の考察

私は禅僧ですから、まだまだ駆け出しではありますが、お釈迦様の教えを日々学んでいます。この章の最後に**「お釈迦様の自己肯定感」**について、私なりの考えをお話ししたいと思います。

釈迦族の王家に生まれたお釈迦様ですが、じつは自己否定から修行の道に入られた、といっていいでしょう。「四苦八苦」という言葉はご存知かと思います。その四苦に当たるのが「生老病死」です。

青年になったある日、お釈迦様はお住まいになっていた城の東西南北の四つの門のうち三つから外に出て、三様の姿を目撃されます。一つには老人、二つには病人、三つには死者です。どれもがこの世に生を受けたものが経験することになる「苦」の姿です。

そのことによって、この世は苦に満ちている、生きること自体が苦しみなのだ、とお釈迦様ははじめて認識されます。そして、残った最後の門、北門から外に出たお釈迦様は、修行者（沙門）の姿を目にされます。

衣服はボロボロ、肌も浅黒く汚れているが、なぜかその姿は堂々として清々しい。そんな修行者の姿に深く感じ入ったお釈迦様は、苦を乗り越える道を修行に求め、出家されるのです。

この出家にまつわるエピソードは「四門出遊《しもんしゅつゆう》」の言葉で知られますが、苦と向き合っていたこの時期までのお釈迦様が自己肯定感の課題を抱えられていたことが推察されるのです。

当初、お釈迦様が取り組まれたのは苦行でした。木の実だけしか口にしなかったり、長時間片脚立ちでいたり……。自分の肉体をいじめ抜く修行です。

六年間、そんな修行を続けたお釈迦様はガリガリにやせ細り、骨と皮だけの姿になられてしまいます。しかしいまだ、本当の救いは得られません。苦を乗り越えるすべを体得できなかったのです。ここにいたって、お釈迦様はついに苦行を手放されます。

苦行を捨てたのち、川で沐浴し、村娘のスジャータからふるまわれたミルク粥で生気を取り戻されたお釈迦様は、菩提樹の木の下に坐り、瞑想に入られます。この菩提樹の木の下に坐ったということに、重要な意味があるのです。

修行をされた地（インド）は強い陽射しが降り注ぎますし、激しいスコールにも見舞われます。そんな陽射しや雨を、覆い茂った葉で遮《さえぎ》ってくれるのが、菩提樹の木なのです。

その下に坐ったということは、**自分を守ることを自分に許した、自分を大切にすることを受け容れた**、ということだと思います。

このとき、お釈迦様のなかで自己肯定感が確立された、と私は考えています。

そして、さらにいえば、村娘の布施（ミルク粥＝苦行中は口にすることができません）を受け、ありがたくいただいたということは、**感謝の喜びに目覚めた**ことでもあったでしょう。これも自己肯定感確立の伏線となっていたと考えられるのです。

瞑想すること八日間――。

明けの明星を見て、お釈迦様は成道《じょうどう》されます。悟りを開かれたのです。苦を乗り越えるすべを体感されたわけです。

◆「利他《りた》」の心はここから育つ

この話を自己肯定感ということに引き寄せていえば、お釈迦様は成道されたことで一気にその「高み」にのぼられたということでしょう。

しかし、その後、お釈迦様は自分が体得された境地を、また、その境地にいたる道を、人に伝えようとはされませんでした（「仏陀の沈黙」）。

じつは「ケチ」で、悟りの体験を独り占めしようとした——などということではありません。悟りはあくまで自身が体得したものですから、それを説いても人びとにはわからないだろう、とお考えになったからです。

お釈迦様に翻意を繰り返し懇願したのは梵天《ぼんてん》、つまり仏教の守護神の一人でした（「梵天勧請《かんじょう》」）。その熱意に動かされ、お釈迦様はついに、布教を行なうことを決意されたのです。以来、八〇歳で入滅されるその瞬間まで、お釈迦様の布教の旅は続きました。

ここで私が注目したいのは、はじめ沈黙を守られていたお釈迦様が、なぜそのお考えを変え、自らが得た境地（法）を人びとに伝えることを決意されたのか、というところです。私はそこに自己肯定感との関わりを見ます。

自己肯定感が高まると、自然のうちに、人に対して何かをしたい、何事かを捧げたい、という気持ちになるのです。

仏教では「**利他**」といいますが、高い自己肯定感、つまり「自利」に引き出された利他の心に誘《いざな》われて、お釈迦様は布教に入っていかれたのだ、これこそが「自利利他」の体現なのだ、と思われてなりません。

2章

もっと〝マインドフル〟な人間関係をつくる

まず知っておくべき「親子関係と自己肯定感」

この章では**「人間関係に自己肯定感がどう関わるか」**について、お話ししていきたいと思います。

ところで、人がはじめて人間関係を持つ相手は誰でしょう。ほとんどの場合は親です。**親とどんな関係であったか。それが自己肯定感に大きく影響します。**ここでは、まず、そのことについて少し深掘りしてみましょう。

親がいつも子どもに対して指示をする——。

そんな親子関係はめずらしくありません。ある意味、子どもにとってはラクといえるかもしれません。親の指示にしたがっていればいい、いうとおりに行動していればいいわけですし、親のいうことをよく聞く子は褒められもします。ときにはご褒美をもらえることもあるでしょう。

たしかに、そういった意味での目先の利得はあります。しかし、犠牲にしているものも大きいのです。

親が常に指示をするということは、子どもには選択権が与えられない、ということです。**いくつかの選択肢のなかから、自分でどれかを選び取る。自主性を育むためには、それが不可欠の要件です。**しかし、この親子関係ではその経験ができないか、不足してしまいます。

その結果、自主性に乏しい大人になってしまうのです。**自主性に乏しい大人には、自分で考え、自分で決定した行動に根差した成功体験が絶対的に不足しているのです。**

それでも社会に出て間もない頃は、上司や先輩も新人として見てくれるし、人によっては、〝お客さん〟として扱ってくれるかもしれません。仕事に慣れてくれば、いい結果を出して褒められることもあるでしょう。そうしたことで自分を満たし、それなりに自己肯定感を得ることができると思います。

ところが、二〇代後半にもなり後輩や、あるいは部下を持つようになったりすると、危機にさらされます。**親のいいなりになって育ち、自主性が欠落している人は、下の世代に対して指示を出すことができません。**下を統率するために必要なリーダーシップの支柱となる「自分なりのスタイル」がわからないのです。

そして、襲ってくるのは「無力感」です。「何もできない自分」を感じたら、自己肯定できなくなるのは必然でしょう。うつや不安障害を発症してしまうことも少なくありません。親子関係の弊害が顕在化するのです。

◆ポイントは「部分肯定」ではなく「全肯定」

これとは逆に、親が子どもに無関心という親子関係もあります。

子どもが一番うれしく、また、価値があると考えるのは、親から褒められること、親に認められることです。

それがかなえられないわけですから、子どもは「自分には価値がないんだ」「頑張っても意味がないんだ」と思うようになります。

この親子関係のなかでも自己肯定感に問題が起こります。もちろん、その子どもに褒められる機会、認められる場面がないわけではありません。

たとえば、学校でいい成績を取れば先生が褒めてくれるでしょう。挨拶がしっかりできれば、〝いい子〟と認めてくれることにもなります。

しかし、それは「いい成績を取ったこと」「挨拶ができること」を部分的に褒めたり、認めたりしているのであって、子どもの存在をまるごと褒めている（認めている）のとは違います。子どもはそのことを感じています。

一方、親に褒められたり、認められたりすると、子どもはただその「こと（事象）」を褒められた（認められた）と感じるばかりでなく、自分の全存在が褒められた（認められた）と感じるのです。

褒める、認める、といったことを通して、子どもの自己肯定感を高められる役割として、親以上の存在はありません。

子どもが置かれる状況、環境はさまざまですから、なかには孤児として施設で育つ子どももいます。親からの愛情を受け取ることができないこうした孤児たちのなかには、自己肯定感についての問題を抱える子どもがたくさんいます。

ただし、施設のスタッフなど周囲の大人が全身全霊を傾けて関わっていくと、子どもの自己肯定感は高まります。「あなたといるときは、一分、一秒までその時間を大切に、あなたのために使う」「いま、自分の注意（まなざし）はすべてあなたの存在に向けられている」——子どもにそんなメッセージが届くような向き合い方が、全身全霊を傾けて関わることだ、といっていいでしょう。

すると、子どもは**「自分はこの人に大切な存在と思われている」「あたたかく見守られている」ということを実感します。これは自己肯定感を高めるきわめて重要なポイント**なのです。

〝インナーチャイルド〟がさまざまな問題を引き起こす

前項に続きますが、両親ともに仕事が多忙で家にいる時間が極端に少ない、という場合もあります。

いわば、親が不在の親子関係です。

この場合は子どもが親の役割もしなければならなくなります。

つまり、自分のなかに子どもである自分と親としての自分という、二つの側面（要素）を持つようになるのです。いってみれば、心が子どもと親（大人）とに引き裂かれるわけですから、子どもとしての自己をそのまま肯定することはとても難しくなります。

ときどき、小学校低学年であるのに、驚くほどしっかりしていて、大人びている子どもがいますが、この親子関係である可能性が高いと感じるのです。

そうした子どもたちは、その見かけとは違って、心の底にいいようのない寂しさを抱えています。

子どもは歳とともに成長しますが、心の内にいる子どもの部分（**「インナーチャイルド」**といいます）は、そのとき（たとえば、小学校低学年）のまま成長できずに留まり続けます。**二〇歳になっても、三〇歳になっても、心の内には小学校低学年のままのインナーチャイルドがいるのです。**親が不在で、子どもとして認められるべきときに、認められなかったことで、そうなるのです。

成長すれば、ふだんはその歳に見合った言動をしているのですが、何かの拍子に突然、インナーチャイルドが表面に出てきます。

たとえば、社会人としてなんの問題もなく生活している大人が、恋人に対して怒鳴ったり、殴りかかったり、駄々をこねたり、泣きわめいたり……といった子どもの感情剝き出しの振る舞いにおよんだりするということです。

その対象となるのは多くの場合、恋人や配偶者など、ごく親しい人、信頼している、もしくは信頼したいと思っている人に限られます。

何かのきっかけで大人げない、まるで小学生か幼児のような言動が出てしまう、という自覚があり、相手もそれを理解してくれていれば問題はそこまで大きくならずに生活できるかもしれません。

ところが実際には、そのような自分が突如として出現することにまったく自覚がなく、そうなっている間の記憶もないということが少なからずあります。

これは、幼少期に虐待やネグレクトをされた経験のある人たちに起こることの多い「解離性同一性障害」、つまり二重人格や多重人格といった心の疾患であり、専門家による治療が必要となります。

◆うまくいかないことを「自分の努力不足」のせいにしない

前項から続き、ここまで、自己肯定感という観点から、いくつかの親子関係を見てきました。

すべてとはいわないまでも、少なからず自分に当てはまる、と感じた方もいらっしゃるのではないでしょうか。しかし、大本《おおもと》の原因である親子関係を、いきなり修復しようとすることには無理があります。

大切なのは、そうした原因の一端を自身で知っておくことです。かといって、自己を肯定できないことの原因のすべてを、親に丸投げして心のなかで（もしくは実際に）攻撃したところで、自分にとっても親にとってもなんの救いにもなりません。

1章で述べた「世代間伝達」の話を思い出してみてください。

もしかすると、そのときの親御さんは、そのように行動するしかない背景を抱えていたのかもしれません。

だからここで大切なのは、**「いま自分がこうして自分を認めてあげられないのは、自分の努力が足りなかったからじゃないんだ」と知っておく**ことです。

そのうえでまずは、自分ができることからはじめましょう。後章でそのための「ワーク」を紹介していきます。そのなかで取り組みやすいと思うものからやってみてください。

ワークはしっかり自分と向き合えるようになるためのもの、自己肯定感を高めるためのものです。それをやっていくことで、自分が変わっていきます。

その変わった自分ではたらきかけたら、親の心にも響いて変化が起こり、「いい関係」を再構築することができます。

実際、私が見てきた範囲でも、たくさんの方たちが、それまで感じたことがなかった親の愛情を感じられるようになった、老いた親の世話を心からしたいと思えた、子どもになんでも話せるようになった、とおっしゃいます。

ゆっくりとではありますが、自己肯定感を高めることは確実にできるのです。焦らず、少しずつ、着実に、進んでいきましょう。

「見返り」を求めなければ、すべてが好転する

人間関係で大きな要素となるのが「相性」です。

ウマが合う、ソリが合わない、などといったりしますが、相性がいいか、よくないかで、人間関係は心地よいものになったり、反対にギクシャクして気詰まりなもの、疲れてしまうものになったりします。

ここにも自己肯定感が関わっています。

自己肯定感の高い人は人間関係で悩むことはとても少ない、といっていいでしょう。彼ら、彼女らは自分を慈しむ心、自慈心が高く、それは他人を慈しむことにつながります。**自分に対して思いやることのできる人は、誰に対しても思いやることができ、**

おおらかに接することができるのです。自己肯定感が高い相手とはもちろん、そうでない相手とでも、その人を受け容れ、うまくやっていくことができます。

もちろん、人間ですから相性がいまひとつよくない、という相手もいるでしょう。

しかし、そういう相手に対してもこう受け止めます。

「この人は少し、他人の心にズカズカ入ってくるところがあるけれど、彼はそういう人なのだということがわかったうえでつき合っていけば、ぜんぜん問題なしだ」

一方、**自己肯定感が不足している人は、相手に対して「見返り」を求めてしまいがち**です。見返りといっても、相手に同じレベルのことをしてもらうというだけでなく、自分が相手のために何かしたら、とにかく「リアクション」が欲しいのです。

たとえば、感謝です。

相手から「ありがとう」の言葉があったり、感謝の表情を見せてくれたりすれば、「ああ、自分のしたことはよかったんだ」と胸をなで下ろすのですが、それがなかった場合、考え込んでしまいます。

「自分がしたことは、かえって相手にとっては迷惑だったのかもしれない。余計なことをしてしまったのかな……」

と不安でいっぱいになるのです。

◆たとえ相手からの感謝がなかったとしても

そんな不安でいっぱいになっても、相手が自己肯定感の高い人であれば、慈悲の心を持って見てくれていますから、そのあたりを察知して、フォローも怠りなくしてくれると思いますが、相手がそうでない場合は、「見返りなし」の場面が繰り返されることにもなります。すると、その相手に対して、

「自分とはウマが合わないんじゃないだろうか。そうだ、きっと相性が悪いのだ」

という思いにとらわれることになるのです。

それだけならまだいいのですが、もっと悩み込んでしまう人の場合、

「この人に余計なことをして不快にさせてしまった。やっぱり自分は世のなかから必要とされていないんだ」

と、自分で自分を強く責めることすらあるのです。

こうなるともはや、その相手との問題にとどまらない事態となってしまいます。自

分自身の存在価値を貶めることになりかねず、そんな状況で人間関係がうまくいくはずもありません。

自分の行為に対して、見返りがあろうとなかろうと、心が揺れたりしないのが、自己肯定感の高い人です。

少し極端な例かもしれませんが、たとえば、自分がプレゼントをしたとき、相手から感謝もなく、うれしそうな顔もされなかった、ということがあったとします。自己肯定感が不足していると、

「気に入らなかったのかな。安物だったから気分を害したのかな」

「自分なんて、この人にはどうでもいい存在なんだな」

と不安を募らせ、自分を責めます。

しかし、自己肯定感の高い人は、違います。プレゼントによって、相手に対する感謝の思いや親愛の情を伝えられたこと、そのことだけで十分だと思えるのです。

心はそこで満ち足りているわけですから、相手の反応がどうであろうと、それによって一喜一憂することはありません。いつも穏やかな安定した心でいられます。

人間関係にとって、これ以上に強くてしなやかな武器はない。そう思いませんか？

できるだけ、いい人と、いい時間をともに過ごす

「朱に交われば赤くなる」という諺《ことわざ》もあるように、どんな人とつき合うか、人間関係を結んでいくかで、人はたくさんの影響を受けます。

こんな言葉をご存知でしょうか。

「善因善果、悪因悪果」——善い行ないをすればよい結果が、悪い行ないをすれば悪い結果がもたらされる、ということです。

これは人間関係にも広げることができそうです。すなわち、**いい人とつき合えば、自分もよくなり、自己肯定感も高まる。よくない人とつき合えば、自分もよくない方向に誘われ、自己肯定感も低下していく。**そういうことがいえます。

きわめてシンプルなことですが、「できるだけ、いい人とつき合って、ともにいい時間を過ごす」というのが、自己肯定感を高める大きな力になります。

ただし、いい人にも多彩な顔があります。

たとえば、周囲の誰からもいい人とのお墨付きを得ている人も、じつのところは本心、本音をひた隠しにして、いい人の顔をしているだけということもあります。実際、いるではありませんか、「八方美人」といわれる人たちが……。また、「面従《めんじゅう》腹背《ふくはい》」という言葉がありますが、これは顔では相手に従っているように見せておいて、腹の底では反逆心を携えているという意味です。

つまり腹（考えていること、思っていること）と、面（顔、振る舞い）が相反しているわけです。満面の笑みの裏には狡猾《こうかつ》な思惑が潜《ひそ》んでいるとしたら、その人はとんだ食わせ者、とんでもない〝いい人〟ということになりませんか。

◆一見、善人に見える人でも――

じつは先ほど紹介した「善因善果、悪因悪果」という言葉、仏教の考え方では「善

因楽果、悪因苦果」と書くほうが正確であるとされます。

「善」の一文字が「楽」という字に、「悪」の一文字が「苦」という字になっています。なぜなら、人の心のありようを指すのに、「善か悪か」と決めつけることはできないからです。

私たち人間にできるのは、体験した出来事を「楽」つまり心地よいと感じるか、「苦」つまり不快だと感じるかのどちらかです。

善い行ないをしたから、善い出来事が身に起こるというような単純な因果論ではなく、「善い行ないをすることで、心が清らかとなり、周りの物事のいい面を見られるようになる」というのが真実です。

これを人間関係に照らし合わせていうならば、一見、善人に見える人とつき合えばいいということではなく、初対面の印象に左右されず、その人の本当のいい部分を探し出すことができる人になれれば、多くの人とわけへだてなく良好な関係を築き、自己肯定感もおのずと高まっていく――ということなのです。

「前向きな人」には二つのタイプがある

前項とも関連しますが、そのとき一緒にいる相手によって、自分の気持ちが変わるということがあります。ちょっと落ち込んでいたのに、明るく、元気な相手と話していたら、気分が晴れ晴れとしてきた――。

これは、心理学では「**逆転移**」という言葉を使いますが、**目の前で関わっている人が日頃他者に向けて抱いている感情や心のありようが自分に移ってくる**ためです。

ですから、前向きな人、つまり、自己肯定感の高い人とできるだけ一緒にいる時間をつくることは、自分の自己肯定感を高めるうえで有効なのです。

しかし、そこにはちょっとした問題があるのです。「落とし穴」といってもいいかもしれません。

「前向きな人」にはニつのタイプがあるのです。

本当に前向きな人と前向きに見える（見せている）人です。

いかにも前向きに見える人でも、じつは心に深い葛藤を抱えていることがあります。その葛藤をさとられないために、明るく、エネルギッシュに、ポジティブに……あえて振る舞っているのです。

こうして、過度にテンションを上げて振る舞うことで自らの心の闇を見て見ぬふりをする心の防御法を、精神医学では「躁的防衛」といいます。その前向きな姿の奥にあるのは、悲しみであったり、苦しさであったり、弱さ、落ち込みであったりするわけです。前向きな言動はそれをカバーしようとする防衛反応なのです。

やっかいなのはそのように振る舞っている人の多くは、自分ではその自覚がないということです。**人間には自動的な、意思では操れない「心を守る」たしなみ（機能）が備わっているのです。**詳しくは触れませんが、ヒステリー（身体はどこも悪くないのに突然倒れてしまったり、意識を失ってしまったりといった精神症状の総称）も、そんなたしなみの一つです。

パニック障害の患者さんなどに見られるのですが、たとえば、電車に乗っていて過呼吸発作を起こすことがあります。電車という密閉された、暑苦しい空間にいることに耐えられなくなると、過呼吸が発生し、やがて脳貧血の状態から失神したりするわけです。これは、耐え難い苦痛から逃れようとする心身の防御反応と解釈することも可能です。失神することによって自分の心を守っていると考えられるのです。

ですから、病院に運ばれて意識が戻ったときには、不思議と気分はスッキリしていたりします。かといって、それでいいというわけにはもちろんいきません。電車に乗るたびにこうした発作を起こしてしまうため、やがて電車に乗ることにも強い抵抗を感じるようになり、社会生活に多大なる支障をきたします。

こうしてパニック障害という、精神科や心療内科での治療が必要となる疾患が形成されるのです。

◆ポジティブ・モードの〝おすそ分け〟をもらうために

話を戻しましょう。

大切なのは、**その人が本当に前向きな人なのか、それとも前向きに見える人なのかを正しく見分けること**です。

後者となんの意識も持たず一緒にいると、表面的には前向きな言動の奥にある「闇」が少なからず自分にも伝播《でんぱ》してしまうからです。

感情や心のありようというのは、いくら覆い隠したとしても、相手に伝わってしまうのです。

逆にいえば、その人が本当にポジティブな人なのか、ネガティブな人なのかは、感じ取ることができるということです。

一緒にいると、どうもそわそわして、焦った気持ちになる――それが一番のシグナルです。

そして、別れたあとに、「なんだか疲れたなぁ。あんなにポジティブ（に見える）な人と一緒だったのに、なんでだろう。なんだか自分がダメになったような気持ちになる」といった感覚になる人は、本当に前向きな人ではなく、じつはネガティブな人です。

相手が本当に前向きで明るい人の場合は、一緒にいるときも、別れたあとも、「心

地いいなぁ」と思えます。

あなたの自己肯定感を高めてくれるのは、一緒にいて自分のネガティブさが強調されるような人ではなく、自分までポジティブ・モードのおすそ分けをもらったような明るい気持ちになれるような人——このことをしっかり頭に置いておきましょう。

心地いい人間関係をつくるメモ術

前項で述べたように、人間関係では、相手を見抜く目がとても重要です。

その目を養うには、やはり、場数を踏んで、さまざまな人たちとつき合って、よいも悪いもひっくるめた経験を重ねていくしかありません。

それが正攻法です。

その正攻法を効果的にサポートしてくれる方法があります。

外で誰かと会って一緒に時間を過ごした日、家に戻ったら、ひと息入れて（シャワーを浴びてすっきりしてからがいいかもしれません）気分を静め、そのとき自分がどんな気持ちでいるかを紙に書いてみるのです。

パソコンやスマホで入力してみてもかまいません。瞑想を少しの間だけ行なってから、心のなかで気持ちを表現してもいいのですが、最初は書くことのほうがやりやすいでしょう。

――楽しい時間だったな。「やっぱり、あいつはいいやつだ」と思えた。また、会いたくなった……。

どんなことでもいいですから、素直に気持ちを言葉で表現してみるのです。いま挙げたような言葉が綴られたら、相手は自分にとっていい人、いいつき合いをしていける人です。相手といた時間が掛け値なしに心地よいものであったことが、どの言葉からもうかがえるからです。

――よく笑ったな。だけど、なんか疲れた。別れたとき、肩の力が抜けてほっとした。なぜだろう……?

こちらは少し検討の余地ありです。その時間はお互いに笑い合い、和気あいあいの雰囲気のなかで過ぎたのでしょう。しかし、自宅に戻って落ち着いてみると、疲れている自分、相手と別れてほっとしている自分に気づいた――。

そうなった原因は、相手と一緒にいた時間、気を使っていたこと、気を張っていたことにある場合が多いのです。

つまり、笑い合っていたようでも、どこかに緊張感があったり、相手に合わせようとする自分がいたり、したのではないでしょうか。

◆「自分に優しい」人づき合いのコツ

とはいっても、その人とはもう、つき合わないほうがいい、とまで思い込む必要はありません。ただ、「そのときの関係においては、自分はその人と過ごして疲れを感じていた」と知ることが大切なのです。

つまり、そのままのつき合い方を続けていたのでは、やがて自分自身が疲弊してしまう可能性もある、ということに気づけばよいのです。

――あの人に気を使いすぎると疲れるから、もっとあっさりとした、さっぱりとしたつき合い方を心がけてみよう……などと、その相手との交流のしかたをマネジメントできるようになったら、しめたものです。

この「気持ちを書く」という作業を続けていくと、自分にとってどんな人と、どんなつき合い方をすればいいのかがだんだんとわかってきます。さらには、少し一緒にいただけで、そのときに取るべき対応、その人との関わり方がわかるようになってくるのです。

私は常々、人づき合いに関して、「自分が心地よい方法で、つき合ってくださいね」と申し上げています。

もちろん、最終的にはどんな人とも心地よくつき合えるような心のありようを携えられるようにしたいものですが、**自己肯定感に課題がある段階においては、つき合う相手をある程度選ぶことも必要**になってきます。

この項で述べてきたことは、そうした「自分に優しい」人づき合いのコツを学ぶための〝処方箋〟です。

「寂しい」というだけで、むやみに人とつながらない

人は一人では生きていけない——。

それは誰もがわかっていることでしょう。孤立はつらいし、孤独は寂しい、という思いは万人に共通するものだと思います。人と結び合いたい、つながっていたいというのは人間のもっとも根源的な願いだといっても、けっして過言ではないでしょう。

その人といると心地よい、楽しい……。そんな相手と人間関係を持つのが理想的です。周囲にそんな人たちがたくさんいればいるほど、幸せ感も増していくことになるでしょう。

しかし、人とのつながり方はそうしたものだけではありません。つながっていない

と寂しいから、寂しくなるのは嫌だから、寂しい人間と見られるのはつらいから、といった理由でつながっているということも、少なくないのではないでしょうか。

そんなタイプの人は、とても人づき合いがよかったりします。

しかし、人とつき合ったら、それだけで寂しさが癒やされ、つらさが解消される、というものではありません。**大勢の人とつながっていながら、寂しさ、つらさを抱えている人もいるのです。**

◆相手に〝もたれかかった〟つながりは危険

むやみやたらに人とのつながりを求める人は、自己肯定感が高くない人といえます。自分をうまく肯定できないから、一人で立ち続けていることができないのです。そこで、誰かに慕われている、可愛がられている、頼りにされている……という〝保証〟が必要になるわけです。

こういった**自己肯定感に課題を抱えている人たちは、ときとして相手に対して一〇〇%のつながりを求めがちになります。**

つまり、〝束縛系の人〟になっていく可能性があるのです。男女を問わず、恋人のことがいちいち気になって、メールをチェックしたり、四六時中ラインを送ったりする、といった行動は束縛系の人によく見られるものです。

裏切られたくない、見捨てられたくない、という一心からそうするわけですが、その背後にあるのは不安であり、不満です。その思いが嵩じると、DV（ドメスティック・バイオレンス〈家庭内暴力〉）にも発展していくことになります。

このつながりは、**〝相手にもたれかかったつながり〟**です。自分の拠って立つところ、心の拠り所がないのです。

ですから、相手がよそ見をする（他の異性に心を寄せる）などといったことがあると、たちまち自分が保てなくなって、それまで以上の寂しさやつらさを抱え込むことになります。自己肯定感はいとも簡単にボロボロになってしまうのです。

まずは心の拠り所を見つけることを考えましょう。

たとえば、打ち込める趣味やスポーツを持つ。週末に自然が豊かな場所に出かけ、写真を撮るといったことでもいいですし、自宅で植物を育てるということでもいい。テニスやボルダリング……などスポーツに興じるというのもいいでしょう。

何か没頭できること、一生懸命になれて楽しめることがあると、それは十分に大きな「拠り所」になります。寂しいとき、つらいときにも、そこに立ち戻ることで、自分をニュートラルな状態に保つことができるのです。

そんな拠り所は自己肯定感を支えてくれます。人とのつながりも、寂しさ、つらさを紛らわすものではなく、中身の濃い、心と心が結び合うものになっていきます。

「先入観」を持つと、結局自分が損をする

人と関わるのが苦手だ、いつも人間関係に疲れてしまう、という人も少なくないのではないでしょうか。そんな思いがあると、どうしても、つき合う人の幅が狭くなってしまいます。

しかし、それは大いなる損失です。自分を高めてくれたり、磨いてくれたりするのは、なんといっても「人」であり、「人とのいい関係」だからです。

もちろん、いたずらにたくさんの人とつき合えばいいというものではありませんが、いい関係の輪は積極的に広げていっていただきたい、と思っています。

人間関係を結ぶうえで一つ、どうしても障壁になるものがあります。

それは、**先入観**です。

たとえば、肩書。名刺に「○○会社取締役」「○○部部長」といった肩書があると、それだけで気後れしてしまう。

それに加えて相手の風貌が強面《こわもて》タイプだったりすれば、「さぞかし、気むずかしかったりするんだろうな。万一、カンに障ることでもいってしまったら、どやされるに違いない」とキモが縮み上がるかもしれません。

肩書だけで、そんな先入観を持ってしまうことにもなりかねないのです。

これではフラットな人間関係が築けるはずがありません。

重要ポストについていても、気さくな人はいくらでもいますし、心やさしき強面の人だって少なくないのです。

また、言葉遣いや振る舞いも、先入観を持たせることになります。言葉遣いが荒っぽかったりすれば、傷つけられる気がするかもしれません。振る舞いががさつであれば、遠慮なく心に土足で踏み込んでくる気がするかもしれません。

しかし、よき江戸っ子がそうであるように、前者が竹を割ったような気っ風のいい性格であったり、後者も細かいことを気にしない、おおらかな性格であったり、ということは十分考えられるのです。

学歴や家柄、出自といったものも、先入観の元として最たるものといえます。

◆世の中、いい人ばかりじゃないけど悪い人ばかりでもない

はっきりいいましょう、**先入観で人を判断することのデメリットは、メリットをはるかに上回るほど大きいもの**です。

たしかに人の風貌からある程度その人がどんな人かを予測することは、必要なことではあります。黒いジャンパーにサングラス、マスクをした人が、夜道で後ろからヒタヒタと歩いてきたら……警戒するのは当然のことです。

でもそれは極端にあやしい人の話です。実際の生活の場面、対人交流の場面においては、相手を過度にイメージで判断する弊害のほうにこそ、私たちは着目すべきです。

そのせいで、たとえいい関係が築けて自分を高めてくれるはずの人と、せっかく出会っていながらも、心を通わせることなく終わってしまう、ということにもなるのです。

もったいないとは思いませんか？

先入観を捨てる。色眼鏡をかけずに人を見る――。

マインドフルネスでは、そのことをとても重要なスタンスと考えます。

もちろん、見た目や第一印象は、その人がどんな人であるかを判断する、一つの手がかりではあります。しかし、あえていえば、その手がかりは心の片隅に置いておく程度にするほうがいいのです。

そうして曇りのない視線を相手に向ける。すると、少なからず、見た目や第一印象とは違った側面が見えてくるはずです。

最初はわからなかったやさしさに気づいた。思ってもいなかった清々しさを発見した――。**自分がその人の隠れている価値を感じ取ることができたという経験は、人間関係において自分をプラス方向、ポジティブな方向に引っ張っていく大きな力になります。**

どんどん、そんな経験を積み重ねましょう。

何かいわれても、「いまの自分はこれでいい」

口さがないのが人びとの常です。自分の人間性にしても、仕事ぶりにしても、とかく批判や評価の対象になるものです。

そして、自分を痛烈に批判した相手に対してはいい感情が持てず、高評価を与えてくれた人は好ましく思う、というのもまた人の常といっていいでしょう。

その意味では、批判、評価は人間関係をギクシャクさせもするし、円滑にしてもくれる、といえそうです。なかには、批判を口にする人や低い評価を下す人から遠ざかり、できるだけ接触を避けるという人がいるかもしれません。

では、そもそも、批判、評価とはどういうものであって、どのようにとらえたらいいのでしょう。

評価のなかには「数値化」できるものがあります。営業成績などがその典型ですが、たとえば自動車メーカーの営業パーソンで、クルマを一〇台売った人と五台の人では、前者が高く評価をされるのは当然のことです。

これは致し方ない。しかし、批判や評価の多くは恣意的なもの、それをする人の胸三寸であるわけです。

すなわち、**批判や評価には根拠も絶対的な基準もない**ということでしょう。誤解を怖れずにいってしまえば、批判や評価はそれぞれが〝勝手気まま〟にするものなのです。実際、ある人に対して、

「彼は仕事が遅いねぇ。あれじゃあ、使えないよ」

と批判する人がいれば、その一方には、

「彼は本当に丁寧な仕事をする。安心してまかせられるよ」

という評価をする人もいるはずなのです。

さらには批判には尾ヒレがつくということもあります。とくによからぬ噂話の類いは、尾もヒレも巨大化しやすいといえます。

週末にお小遣いの範囲で競馬を楽しんでいるということが、かりに批判の対象になったりすると、それが人から人に伝播することによって、

「彼はギャンブルにどっぷりハマっているそうだよ。なんでも、筋の悪い借金も半端な額じゃないらしいね」

といったことにもなるわけです。現実に噂話で「ギャンブル依存症」のレッテルを貼られ、居場所を失って仕事を辞めざるを得なくなったショックでうつになってしまった患者さんもおられました。

このように、人から人へと情報が伝わる過程で、多かれ少なかれ、事実は誇張されて伝わっていきます。

◆批判や評価は、こんなふうに受け止める

逆に考えると、批判や評価はさして当てにならないものである、といっていいのではないでしょうか。そんな当てにならないものは、「受け流す」のが一番です。

「批判も評価も他人様がするもの。いかようにでも、ご随意に……」と、そんな心構

えで受け止めるのです。

ただし、自己肯定感が十分に育っていない場合、どうしても自分が否定された、批判されたというその事実のほうに引きずられてしまい、割り切ることができないかもしれません。

そこでこう考えたらいかがでしょう。

「いまこの瞬間、せめて自分だけは自分のことを受け容れよう」――人間性も、仕事ぶりも、その他のことも、「いまの時点ではこれでいい」と構えるのです。

もちろん、いっさい努力せず、ことごとく適当、なんでもチャランポランにやっていればいいということとは違います。自分自身にも、仕事にも、何事に対しても、真剣に向き合い、できることは「今後」やっていく、という条件つきでの「いまはこれでいい」です。

京都学派の創始者であり、日本の哲学界、思想界に大きな足跡を刻んだ西田幾多郎《きたろう》さんにこんな言葉があります。

「人は人、吾《われ》はわれなり、とにかくに、吾行く道を吾は行くなり」

「これでいい」というスタンスを続けていると、「人は人」「吾はわれ（自分は自分）」

ということがわかってきます。

そのことに「気づく」といったほうがいいでしょうか。すると、批判も評価も受け止め方が明らかに違ってきます。それまでとは比べものにならないほど気にならなくなるのです。

といっても、批判や評価の内容まで無視するということではありません。

批判でも評価でも、他者から自分に提供された「参考資料」程度であると冷静にとらえ、あくまで自分の意志はそのままに保ちつつも、その情報を活用してさらに自分のめざす方向を的確にとらえるための原動力とすることができるのです。

このように考えていくことで、もはや批判や悪い評価ばかりを口にする人から逃げようと思わなくなります。つまり、それらに振り回されることがなくなるわけです。

そして、人間関係が格段に風通しよくなるでしょう。

自己肯定感をマヒさせる、「群れ」の心理

聖徳太子がつくったとされる「十七条憲法」の最初に、「和をもって貴しとなす」とあることからもわかるように、日本人は元来、周囲と融和的な関係を持つことを大切にする民族です。

それは日本人が誇れる美徳ともいえるでしょう。しかし、度が過ぎた融和志向は個性を許さない「群れ」につながります。群れたがるのも日本人の特質といっていいかもしれません。

群れには〝鉄の規律〟があります。「同調せよ」というのがそれ。組織なら組織内の人間たちが互いに同調していくことで群れは安定するのです。また、その安定した

群れのなかにいることで、人は安心感を得ます。

群れは居心地がいいのです。しかし、群れには、一度でも規律を破ると牙をむかれる怖さがあります。実際にこんな例があります。

大企業に勤める四〇代の女性ですが、仕事が評価されて管理職のポストについていました。その女性があるとき、会議の席上で上層部に対して率直に自分の意見をいったのです。それは上層部の意向に反するものでした。

いじめがはじまったのは会議が終わって、わずか二〇分後だったといいます。すれ違いざまに、「もう終わったな」と聞こえよがしにいわれる、悪意のあるメールが送られてくる、といったものがいじめの中身です。

この方はその後、長期にわたりこの件に関して裁判で戦うことになるのですが、彼女は精神的に大きなダメージを受け、私の診察室に来たときは、自殺を考えるまでになっていました。

群れのなかで孤立すると、その人を助けようとする人間はその組織のなかからは非常に出てきにくいものです。そんなことをしようものなら、今度は自分がいじめられる側になるからです。自分の身の安全のために、いじめる側に与《くみ》するのです。

そして、いじめというのはエスカレートしていくもの。この構造は子どもたちが育っていく学校現場でも、大人が生きていく社会的な組織でも変わりません。

◆逆らわず、でもおもねらず――それが賢いつき合い方

自己肯定感ということからいえば、群れること自体は自己肯定感を高めたり、低くしたりする、ということはありません。しかし、**群れというのは自己肯定感に対する意識をマヒさせるもの**だと思います。

自分の価値を正しく認識することが、自己肯定感と緊密に関わっています。自分に価値があると感じられれば、自己肯定感は高まりますし、価値なしと思えば、自己肯定感は低くなります。

群れていると、その価値について考えなくてすむのです。同調していれば、周囲から価値を問われることがない、というい方ができるかもしれません。ぬるま湯につかっている状態でいられるわけです。そのなかで自己肯定感は鈍化していきます。

しかし、生きるからには自分の価値をわかって、それとしっかり向き合って、生き

ていきたいと思いませんか。

なにも反逆児になることはありませんが、群れに所属しながらも、心まで支配されるのではなく、適度な距離を置いておくことが大切だと思います。

逆らわず、おもねらず――。それが群れとの〝つき合い方〟のよい匙《さじ》加減でしょう。

SNSを人生の舞台にしてはいけません

いま、若い人たちのコミュニケーションの主流はラインやツイッター、インスタグラム、フェイスブックなど、いわゆるSNSを介したものになっている、という感じがしてなりません。

たしかに、利便性という面では有効なツールですが、その一方で弊害も見逃すことはできません。

ツイッターなどへの書き込みは、その場で瞬間的に湧き起こった感情を、そのまま言葉にしてすぐ発信する、ということが多いのではないでしょうか。

腹が立ったら怒りの感情を、不平不満があったらくすぶっている感情を、攻撃対象ができたら容赦なく、即刻相手にぶつけるわけです。当然、言葉が吟味されることはありません。

これは認知心理学、認知行動療法の分野にも関連した話になりますが、人間の高度に発達した脳において、感情というものは本来、「思考」を介して修飾され、発言や振る舞いというかたちで表出されます。

たとえば、街中の人ごみですれ違いざまに他人のカバンが自分の身体に当たったことを想像してみてください。

ぶつかった瞬間、ムカッとする感情が浮かんだとしても、思考のレベルで「混んでいるから当たってしまうこともあるか」と思うことができれば、相手に敵意としての言動が表出されることはありません。

そこまで穏やかにはなれないにしても、「こんなに人が多い場所であんなにズカズカ歩くなんて、マナーがなっていない人だな」と、心のなかで言葉にすることができれば、そこで負の感情は少し緩和されるわけです。

ところが、ふだんからツイッターなどで、感情のままに書きなぐるのが習慣になっている人は、思考することをおざなりにしていて、その場で湧いた感情がそのままに敵意として表出され、「いてぇな、この野郎！」といってしまったりするのです。

こうしたネット社会においては、相手に顔を見せる必要がありません。ものによっては自分が誰かさえ明らかにしなくてよいSNSもあります。

そこでは、自分がどんな発言をしても、責任を問われることがないのですから、まさに「いいたい放題」です。

実際、発信されている罵詈雑言の類いのなかには、ヘイトスピーチすらかすんでしまうような、読むに堪えないものが少なくありません。

その同じ人が、直後には満面の笑みでおいしそうなグルメを堪能している画像などを載せたりしているのですから、その変わり身の早さ、感情の振れ幅の激しさには、正直、驚かされます。

◆ゼロか一〇〇か、という危険な考え方

もちろん、人は多面的ですから、ほがらかな人に寂しがり屋の面があったり、穏やかな人に鋭い怒りが潜んでいたり、ということはあって当然です。

しかし、そうしたさまざまな自分が「統合」されているのが、安定した人格といえますし、成熟した大人としてのあり方でしょう。

先に挙げた例にはその印象が薄いのです。統合されないまま、心がバラバラになってしまっている。**心地よい状態にある自分と、不快な状態にある自分が、両極端に、心という「一つの場所」に同居している状況に混乱をきたす**わけです。

このように、ゼロか一〇〇かの完全な「白黒思考」でしか、自己や他者を見ることができない心のありようを、心理学では「スプリッティング（分裂）」といいます。前出の感情がコロコロと一八〇度変化する人たちを見ていると、心が分裂状態にあるようにしか思えないのです。

ちなみに、SNSがスプリッティングを助長していることは、一部の心理学専門家の間でも指摘されています。

自己肯定感は統合された自分があってこそ持てるものですから、分裂状態にあってはなかなか持ちにくいといえます。

実際の自分の他に、SNS（ネット）上にさまざまな自分がいるわけですが、何か失敗体験があると、SNS上の都合のよい自分に逃げ込み、それがメインの自分になったりします。

その自分に対して「いいね」がたくさん寄せられたら、ある種の充足感を得ることにもなるでしょう。ネット上で充実している、いわゆる「ネト充」という状態です。

充実感や充足感は自己肯定感にもつながりますが、**「ネト充」はあくまで架空の、バーチャルの充実感ですから、本物の自己肯定感とはまったく別物**であることは、いうまでもないでしょう。

◆いま求められる人間関係の「原点回帰」

また、SNSを介してのコミュニケーションは手軽ではあっても、いや、手軽であるということによって、希薄にならざるを得ません。

たとえば、大勢のライン仲間がいても、そのうちの何人が「友人」と呼べる相手でしょうか。

やりとりは年中していても、自分に何か悩みがあったとき、相談できる相手がそのなかにいるかと問われたらどうでしょうか。

悩みといっても「パソコンのこの設定のしかたを教えてほしい」とか「フェイスブックのあの機能はどうやってオフにできるの？」といった物理的な疑問ではなく、もっと自分自身の心を締めつけるような、プライベートな悩み事をイメージしてください。

何人が自信を持って「ＹＥＳ」と答えられるか、疑問が残るところです。

人間関係は、顔と顔を向け合い、心と心を通わせて、はじめて成立する。それが原点でしょう。ＳＮＳのめざましい普及でその原点からどんどん離れてしまっている、というのが私の実感です。

自分が窮地に立ったとき手を差し伸べてくれる相手がいる、その人のためなら、自分にできることはどんなことでもしてあげられると思える……。

お互いを高め合えるのは、そんな人間関係でしょう。自己肯定感もそうして高まっていくのです。

一度手にした新技術やその利便性を手放しがたいのが人間です。ですから、ＳＮＳは〝封印〟すべきだなどというつもりはありません。食事のお誘いなど事務的な連絡や他愛のない雑談を楽しむのには大変便利なツールといえるでしょう。

しかし、その一方で原点にも立ち戻っていく——。

そのことが必要なのではないでしょうか。**人間関係の「原点回帰」は、自己肯定感を高めていくという意味合いからも、それが強く求められている時代だ、**という気がします。

3章

「怒り」をどうコントロールするか

怒りっぽい人たちの共通点

以前、「モンスターペアレント」という言葉が盛んに語られました。

学校や教師にゆえなき要求を突きつけ、自己の正当性をいい立てるという、学校現場を標的としたいわゆるクレーマーです。

クレーマーに特徴的なのは「自分にはこの権利がある」という、強い権利意識ですが、それはきわめて自己中心的。常識の範囲外の権利を主張するわけです。

こうしたクレーマータイプの〝人格〟は、けっして生まれつき規定されているわけではありません。幼少期から思春期（一五歳くらい）にかけての人格形成に重要な時期に、どのような人と接し、どのような環境で生育してきたかに因《よ》っています。

その間、自分の権利が満たされずに育ってきたことが、大きな要因となるのです。自らの意志で物事を決定する権利を与えられることによる心の充足感や、心が満たされるという経験が欠如することで、大人になってからも、「自分の権利を確保しよう、そしてそれを発動しよう」と躍起になります。過度な権利主張をするようになるのです。

人は自分で何事かを決める権利を与えられることで「**自己効力感**」を持つようになります。

自己効力感というのは、たとえば、自分の判断（選択）は正しい、自分はこの問題をうまく解決できる、といった自分に対する信頼感と有能感のこと。自信の形成につながる要件といってもいいでしょう。

そしてこの**自己効力感と自己肯定感は直結していて、セットとして考えるべきもの**です。

権利を主張するのは自信のなさの裏返しです。権利をいい立てることで自信のない自分をカムフラージュしようとするわけです。弱い犬ほどよく吠えるといいますが、クレーマーの言動はそれによく似ています。

自分にあるはずの権利が侵害されている、というのがクレーマーの思いですが、これは「被害者意識」です。

被害者意識が強い人は自己愛のゆがみ、偏りが強いとされています。自分という存在が軽んじられることが我慢ならないのです。ですから、軽んじられていると感じたら、怒りをあらわにします。

◆あなたにも「被害者意識」があるかもしれない

みなさんは、こんな光景を目にしたことがありませんか。

レストランなどで、「注文した料理がまだ来ないよ。まったく、いったいいつまで待たせるんだ。こっちは客なんだ、早くしろよ！」と店内スタッフに怒号を浴びせている図です。

店内が混んでいれば料理が出てくるのが遅くなるのは自然です。しかし、それを自分が軽く見られている、客としての自分の権利が侵害されている、と被害者意識が強い人は考えます。

クレーマーの典型ともいえますが、モンスターペアレントの怒りの〝メカニズム〟も同じです。授業料をきちんと払っているのだから、わが子にはこの権利が認められてしかるべきだ、そうしてもらえないのは、権利の侵害じゃないか、と考えるわけです。

ちなみに、このような**歪んだ自己愛を有する人の特徴として、金銭のやりとりをそのまま人間関係の優劣に当てはめようとする傾向があります。**

レストランでは、お金を払っている客である自分が、店員に比べて明らかに優位であると決めつけ、たとえばホールスタッフが親切にナプキンを拾ってくれたりしても目もくれず、当たり前のことだといわんばかりの態度を取ります。

そして少しでも自分の意に介さぬ動きをした店員には遠慮なしに怒りを向けたりします。

しかし立場が変われば態度一変。絶対的に立場が上の、たとえば会社の上司や取引先の顧客に対しては、こびへつらったような接し方をし、はた目からは卑屈にも見えてしまいます。

ここまではっきりと態度に出る人は少ないかもしれませんが、もしかすると、みなさんご自身にも、ちょっとしたことで怒りが込み上げてきて、それを相手にぶつけずにはいられない、という傾向に思い当たるフシがあるかもしれません。

もしそうだとしたら、**いつも自分を被害者の立場に置いていないか、一度、見つめ直してみることが大切**です。

「被害者意識」が自分のなかにもあることに気づく。それがそこから抜け出す第一歩になるからです。

自分より弱い者に当たってしまうメカニズム

DV（家庭内暴力）、パワハラといった問題が取り沙汰されるようになって、ずいぶん時間がたちますが、それらがなぜ起きるかは、自己肯定感との関連で解き明かすことができます。

DVの加害者になる人の多くは、自己肯定感が低い人と考えられるのです。**自分を肯定できないのは、自分が「無力」であると感じていたり、「恥ずかしい存在」であると思っていたりするからです。**

人間にとって一番苦しいのは、肉体的な痛みではなく、こうした「無力感」や「恥」の感覚だといわれています。

その苦しみから逃れるためには、なんとか自分を肯定し続けなければなりません。そこで、肯定する材料を常に探し求めるのです。

しかし、自分のなかにはそれを見出すことができませんから、その思いは必然的に「外」に向かうことになります。

自己肯定感が不足している人間にとって外にある、自分を肯定させてくれる存在。それが家庭であれば、妻（または夫）や子どもであり、会社でいえば部下なのです。

自分より弱い立場にある、自分の力がおよぶ範囲の、そうした対象を自分が思いどおりにコントロールすることで、自己肯定しようとするわけです。

しかし、他人を完全に思いどおりにすることなどできません。そこに、怒りや嫉妬の感情が生まれ、ＤＶやパワハラにつながっていくのです。

◆〝パターナリスティックな上司〟とは？

このように、相手のすべてをコントロールしようとして他人と関わるスタイルを**「パターナリズム」**といいます。

言葉の意味は、父権主義、父性的な、あるいは支配的な振る舞い、ということです。「父性」の語が使われていますが、これは心のありようですから、男性だけにあるものではありません。女性にも父性的な振る舞いは見られます。

「私が指示したとおりにしなさい。いいわね、もう二度といわないわよ。〝できません〟なんて言葉はいっさい聞かないから」

こんなパワハラ女性上司はまさに父性的な振る舞いにおよんでいる上司、パターナリスティックな上司です。

これが家庭内で起こるのがDVです。加害者が妻子のいる男性の場合、妻や子どもは一番自分が支配しやすい弱者です。

その弱者を対象にして、しかも暴力をもちいて、支配しようとするわけですから、会社のパワハラの場合に比べてさらに本能的な、感情にまかせた粗野な振る舞いといっていいでしょう。

自己肯定感の高い人はDVとは無縁です。部下に指示をする場合でも相手を尊重します。たとえば、こんな具合です。

「ここは自分の思うようにやってみたらいい。行き詰まるようなことがあったら、いつでも相談に来るように。できる限りのフォローをする」

前者との差は歴然でしょう。

その差は自己肯定感が高いか、そうでないかの違いから生じているのです。

いわれのない弱者の被害であるＤＶ、パワハラ問題はいまもあとを絶ちません。

自己肯定感ということにもっと焦点を当てて対策を講じれば、問題解決への道は開けるというのが、私の偽らざる思いです。

禅的、怒りそのものが湧かない心のつくり方

一時期、怒りの感情をコントロールする「アンガー・マネジメント」が注目されました。それだけ現代社会には怒りのタネがそこかしこにあり、怒りっぽい人が増えているということでしょう。

アンガー・マネジメントの眼目は、怒りを封じ込める、怒りの感情とうまくつき合う、というところにあります。マインドフルネス、禅も、それを実践することによって、怒りから離れ、穏やかな心でいられるようになりますが、怒りを意図的にコントロールしようとするわけではないのです。

怒りそのものがなくなる——。こういっては大袈裟な感じがしますが、要は同じよ

うな経験をしても、「怒り」という感情で反応しなくなるというのがマインドフルネスであり、禅です。

そもそも怒りの感情の元はどこにあるのでしょうか？

端的にいえば、**思いと現実が合致しない――そこから、怒りが出てくる**のです。

たとえば、

「あの人は自分のためにこうしてくれるはずだ」

という思いがあったとします。

しかし、現実には〝あの人〟はそうしてくれないことがいくらでもあるわけです。

すると、

「なんだ、してくれないのか！　頭に来る！」

ということになります。怒りが湧いてくるのです。

つまり、自分の思ったことが実現されない、自分の思いどおりにことが運ばないというときに怒る、ということでしょう。

しかし、考えてみてください。「～してくれるはず」「～になるに違いない」というのは、自分の勝手な思い（込み）でしかないのではありませんか。人との関係も、社会の動きも、そう都合よくいくわけがないのです。

◆“変化”は周囲からやってくる!?

むしろ、思いどおりにならないことのほうがずっと多いのが当たり前。それが人の常であり、世間の常態である——そのことを深く理解し、受け容れるのがマインドフルネスであり、禅です。

あの人がしてくれようが、してくれまいが、「それでいい、いまはいい」とそのままを受け容れる——。いかがですか？　それなら、「怒る理由」も「怒る要素」もどこにもないということになりませんか。

マインドフルネス（もちろん禅もそうです）をやっている人たちから、こんな話をしばしば聞きます。

「マインドフルネスをやるようになったら、周りの人たちがずいぶん穏やかになってきました。やっているのは私なのに、不思議ですね」

“変化”は周囲からやってくる——。そんな感じを持つ人が実際少なくないのです。

自分に対する周囲の人たちの接し方が、それまでと違って、穏やかでやさしいと感じるようになる。もちろん、周囲の人たちに対して怒りを覚えることも、目に見えて少なくなります。

その理由は自分自身が変わってきたからこそ、そのままを受け容れられるようになってきたからこそ、なのですが、そのことに気づくのはもっとあとになってからです。自分のことより周囲の人たちのことのほうが見えやすい、といえるかもしれません。

◆自分の内面がよく見えている人、見えていない人

ただし、はじめから自分のことが見えている人もいます。怒りということに対しても、こちらのタイプは、

「〝自分〟にはこういったことで腹を立ててしまうところがあります。そこをなんとかしたいのですが……」

といういい方をします。

一方の、自分の内面が見えていない（見えにくい）人が、

「〝周りにいる人たち〟が私を怒らせることばかりするんです。なんとかすることはできませんか？」

といった訴えをするのとは大きく違っています。

前者は自分を見つめることができている、といっていいでしょう。こちらの人のほうが、自分が怒らなくなった、穏やかになった、ということに気づくのが早いのはいうまでもありません。

自分を見つめられるようになる、自己を正視できるようになる、ということは自己肯定感が高まることです。

自己肯定感に課題を抱えている人は、なかなか自分を見つめることができません。いたらない自分を見ることになって、さらに自己肯定感が下がるのを怖れるから、無意識のうちに自分の心に外側からフタをしてしまうのです。

怒りを上手に封じ込める「三段階分析法」

前項でお話ししたように、「そもそも怒りが湧かない心をつくる」ことがもっとも大切であり、マインドフルネスや禅がめざすのもそこです。

しかし、一朝一夕にそうなれるものではありません。

ここでは、その瞬間、「怒りを封じる」方法を紹介したいと思います。

「三段階分析法」がそれです。

怒りが込み上げてきたとき、**まず、「思考」に注意を向けます。**どのように考えたから怒っているのか——。

それを明らかにするのです。

たとえば、それまで信頼して仕事をしてきた取引先が、新規参入の会社と新たに取り引きをはじめ、こちらを切ろうとした。そのことに対して「信義にもとる」「裏切られた！」と考えたからこの怒りがあるのだ、という具合です。

次に「感情」を分析します。悔しい、憎い、情けない、許せない……。自分がどんな感情を抱いているかを見ていきます。

そして、**最後に身体の「感覚」を分析します。**胸が締めつけられるようだ、心臓の鼓動が速くなっている、身体が熱っぽい、手が震える、足が地に着いた感じがしない……さまざまな感覚に気づくはずです。

頭に血がのぼり、「この野郎！」となっているときは、いわば、怒りに支配されている状態なのです。相手を罵倒したり、手を上げたりしてしまうのは、この状態から離れられないからです。

しかし、「思考」→「感情」→「感覚」**の三段階で分析することで、怒りに支配されている自分を客観視することができる**のです。「怒りの支配の外側に出られる」といういい方をしてもいいと思います。

◆「怒り」のピークは、わずか六秒～一〇秒

そして、**仕上げに大きく「深呼吸」**です。これはアンガー・マネジメントの世界でいわれていることですが、怒りのピークは六秒～一〇秒とされています。ですから、一〇秒間やりすごせば、怒りは下降線をたどりはじめます。

怒りがしぼんでいくにしたがって、**怒ることのバカらしさ（怒りは不毛であること）、怒ったところでしかたがないことに思いがいたる**のです。怒りは封印され、相手とも平静に対応することができます。

深呼吸もその要領で集中して行ないましょう。息を吐き切ったら、吸うほうは意識する必要はありません。身体が勝手にやってくれます。深呼吸をすると、気持ちがスーッと落ち着いてきます。

この**「三段階分析法」＋「深呼吸」**は、**怒りが湧いたときばかりでなく、悲しい、苦しい、つらい……など気持ちがネガティブに振れたときには、ぜひやっていただきたいワーク**です。

「吐き出し方」しだいで、不平不満はプラスにできる

不平不満は怒りや愚痴のタネです。ブログなどに世間に向けての怨嗟《えんさ》や文句を書き連ねるといった行動は、不平不満を怒りや愚痴のかたちでぶつけているということでしょう。

たしかに、**不平不満を吐き出すことは、やり方しだいでは自己肯定感を高めます。大事なのはどこに（誰に）吐き出すか、という「吐き出し方」です。もっとも望ましいのは的確なフィードバックを与えてくれる人です。**

「なるほど、怒っているのはこういう不満があるからなんだね（こんなところに不平があるから愚痴りたくもなるってわけだ）」

これが的確なフィードバックの好例です。

相手のこの対応によって、怒りの主、愚痴っている側は、自分の不平不満をその人がわかってくれた、という安心感と喜びを得ることができます。

さらに、どんなところに不平不満を持っていたのか、その源が明らかになるのです。怒りの感情や愚痴りたい気持ちがあっても、それがいったいどこから来るのか、案外、明確でないことがあります。フィードバックによってそれがはっきり自覚される。自分の心のありように気づく、といってもいいかもしれません。

安心感、喜び、気づき。それらが得られると、心が素直になってきます。相手の言葉を受け容れる態勢が整うのです。その段階で、

「だったら、こうしたらいいんじゃない？（こんなふうには考えられないかな）」

といったアドバイスがあると、怒りや愚痴から解放されます。

より正確にいえば、それらを「受容」できるのです。受け容れることによって、心のありようも変わります。怒りや愚痴のタネであったそれまでの不平不満を受け止める心ができる、といっていいと思います。

これが「吐き出す」ことによって、自己肯定感が高まる流れです。「受容」は自己

肯定感を高めるための重要なキーワードです。

◆相談相手に選ぶべきは「中道精神」を持った人

吐き出す相手としてふさわしくないのは、頭ごなしの対応をしてくる人です。

「何を怒ってんだよ。そんなことで怒ったってしかたないじゃないか（つまんないことを愚痴ってないで、しゃんとしろよ……）」

相手にしてみれば、叱咤激励のつもりなのだと思いますが、効果は薄いといわねばなりません。むしろ、逆効果にさえなりかねないといえます。この対応からは安心感も、喜びも、気づきも得られませんから、いわれたほうは心が縮こまってしまったり、硬直してしまったりするからです。

ある程度の高い自己肯定感を持っている人であれば、他者からのこのような「活を入れる」働きかけが、心の切り替えや前進の後押しをしてくれるかもしれません。

しかしながら、自己肯定感が十分に育っていない人の場合、このような対応をされてしまうと、怒っている自分が、愚痴っている自分が、非難されているような気持ちになって、自己肯定感がさらに下がってしまうのです。

心理学では「アサーティブ」という言葉を使いますが、その意味は相手を十分尊重したうえで、誠実に、率直に、同じ目線で、自分の意見、主張を伝えるということです。

相手のことも、自分のことも、同等に大切なものとして扱うような姿勢であり、まさに仏教でいうところの「中道《ちゅうどう》」の精神です。年長者の知人でも、同年代の友人でもいいでしょう。**不平不満を吐き出す相手には、「中道」の精神性を少しでも持っている人を選びましょう。**

心が明るくなっていく「筆記表現法」①

かつて自分が経験したつらいことが、いつまでも心にわだかまっていて、そこから抜け出せない――。その代表的なものが「トラウマ」を抱えているという状態ですが、そうなると、考え方も、感じ方も……ネガティブな方向に引っ張られます。自己肯定感も低下せざるを得ません。

この場合、有効なのが「**筆記表現法**」と呼ばれるワークです。

その「つらい経験を書き出す」というものですが、重要なポイントがあります。

そのときの気持ちに立ち返って、そこで抱いた思いや感情の細かいところまでありのままに書く、というのがそれです。

これは、乳がんで闘病中の女性たちを対象とした介入研究で得られた事実でした。

この研究では、対象者を三つのグループに分けました。

第一グループは、乳がんや闘病についての感情をありのままに書き綴りました。第二グループは、闘病の体験から得られたものについて書きました。そして第三グループは、乳がんとその治療に関連した事実のみを書きました。

一見すると、闘病にともなうつらさについて書かせるような第一グループや、闘病体験に具体的に触れる第二グループでは、筆記に苦しみをともなうように思えます。しかし結果は正反対で、第一グループと第二グループに、苦悩レベルの低減が認められたのです。事実だけを記録した第三グループには、そのような効果が認められませんでした。

さらに細かく解析していくと、「回避傾向」の高い人、つまり、体験した事実に目を向けることが難しいタイプの人たちには、第二グループのアプローチである、闘病において得られたものを書き綴る方法のほうが、第一グループの感情をありのままに書く方法よりも有効でした。**ネガティブ感情を生々しく思い出すようなアプローチは、それを正面から見つめることのできないタイプの人には難しい**ということです。

この本のテーマである自己肯定感に課題を抱える人の一つの傾向として、傷つくことを恐れて人との関係を避けたり、自らの心のありように目を向けることから逃げ出してしまったりといった「回避傾向」があることが知られています。

そのような自己肯定感に課題を抱えた人が「筆記表現法」に取り組む際には、葛藤や苦痛をともなう体験を通して得られた、何かしらポジティブな要素を探してみることが大切であるといえるでしょう。

◆ネガティブワードをポジティブワードに書き換える

別の研究では、さらに興味深い知見が得られています。それは、経験したことについて筆記する際にどんな言葉を使うかによって、やはり改善効果に差が生まれるということです。

結論からいえば、**ポジティブな言葉をたくさん使って書いたほうが改善は早まる**のです。つらい経験ですから、どうしてもネガティブな言葉が使われがちです。たとえば、四〇〇字で書いたとすれば、そこに出てくる表現のほとんどがネガティブな言葉になって当然です。

実際に患者さんたちにこの筆記表現法のワークを実践してもらった際にも、どの方もおしなべて、悲しい、悔しい、傷ついた、失敗した、死にたい……といった言葉で紙一面が埋め尽くされていました。書かれたもの全体からネガティブな言葉とポジティブな言葉を抜き出して、カウントしてみても、ネガティブな言葉が圧倒的に多かったのです。

ここからがこのワークのキモになります。

ネガティブな言葉をポジティブに書き換える。といっても、「悲しい」を「うれしい」に変えたら、文章の内容が変わってしまいますから、それはできません。しかし、**「ポジティブな言葉を否定するかたち」でなら、書き換えることができます。**

「悲しい」→「うれしい気持ちにはなれなかった」

「失敗した」→「成功というレベルではなかった」

……という具合です。

そのような作業を通して、ポジティブな言葉とネガティブな言葉の割合が「三対一」程度になると、かなり心の改善効果が高まることが示されています。

心が明るくなっていく「筆記表現法」②

前項に続きますが、この「感情をまじえて書き出す」ことの効能——筆記表現法についての研究を長年けん引してきたのは米国テキサス大学のジェームズ・ペネベーカー博士らのグループですが、数百人から数万人を対象とした大規模な研究データから、数々の有用な結果を導き出しました。

うれしいことに、このような効能を得るために必要な時間は、一日わずか数分から、長くても二〇分程度で十分であることが明らかにされています。

①感情をそのとき感じたままに書く

②そしてその体験から得られた物事を探し出す「ベネフィット・ファインディング」を試みる
③それらを書くに当たって、ポジティブな言葉をできるだけ多く使う

この三つの、ちょっとした日記のような取り組みを、毎日五分か一〇分だけ続けることによって、つらい経験によるトラウマを徐々に受け容れることができるようになっていきます。

さらには、その受容過程を通してしだいに心が強くしなやかになって、ポジティブになっていくことが、この数十年の研究によって明らかにされたのです。

ちなみに、いい言葉、ポジティブな言葉を使うことは、それだけでも自己肯定感を高めてくれます。「言葉の力」といってもいいでしょう。

書くときだけでなく、話すとき、頭で考えるときも、ポジティブな言葉を使うよう努めることが、自己肯定力を高める日常的なトレーニングになります。

感情をまじえて書くことがポイントになるのは、嫌な出来事、つらい出来事でも、トラウマ体験でも、そうしないと記憶は取り出すことができない脳の深いところに埋

没してしまうからです。

これを「トラウマ記憶」と呼びますが、トラウマ記憶の再生はコントロールできない。つまり、自分の意志では引っ張り出すことができないのです。

それが出てくるのは、新たにつらい体験をしたり、心が追いつめられたりしたときなどです。いわゆる、フラッシュバックしてくるわけです。（フラッシュバックは、トラウマ体験が起きた際の状況に、ほんの一部だけ似ているような場面においても発生することがあります）

◆こんなとき〝フラッシュバック〟が起きる

一方、いつでも取り出して、時系列で順序立てて語ることができるのが**「エピソード記憶」**です。たとえば、子ども時代にテストの点数が悪くて、母親からこっぴどく叱られたということがあったとします。

「ああ、そういえばそんなことがあったな」と、いつでもそのことを思い出せるのであれば、それはエピソード記憶ということになります。

しかし、こっぴどく叱られたというその経験がトラウマ記憶になっている場合は、ふだんは思い出すことができません。

もし思い出すことがあっても、それは断片的なものでしかありません。たとえばそれは、母親が鬼のような顔をしているその表情だったり、誰かわからない女性の怒鳴り声だったりします。

そうした断片的な記憶がランダムに再生され、それとテストの点数が悪かったこととの因果関係までは思い出せない。つまり記憶のなかでの時系列が破綻《はたん》しているのです。

こういったトラウマ記憶が一気に出てくるのは、たとえば、上司の叱責を受けて、同じような心の状態になったときなどです。

しかも、過去の記憶がまるで現在経験しているかのように思い出される。これがフラッシュバックの原理です。

かりに母親に叱られたとき、頬を叩かれたといったことがあると、その痛みまでよみがえってきます。さらには、そのときの家の匂いまで思い出す、といった鮮明なフラッシュバック体験をする人もいます。

◆トラウマ記憶をエピソード記憶に書き換える

エピソード記憶として残るのは、自分のなかで処理できている経験です。それを受け容れ、心が乗り越えた経験といってもいいでしょう。ですから、**エピソード記憶が多くなっていくことは、心が強さ、しなやかさ（レジリエンス）を増したこと、自己肯定感が高まったことを意味します。**

トラウマ記憶は、ふとしたときに勝手に出てくるわけですから、「自分の意志がおよばない。自分ではどうにもできない」という不全感をともないます。これこそが、自己効力感が持てないということにつながるのです。前にもお話ししたように、自己効力感とは「できる」「大丈夫」という自分に対する信頼感、有能感だからです。自己効力感と自己肯定感はセットですから、トラウマ記憶は自己肯定感を低下させてしまうものでもあるのです。

「筆記表現法」は、トラウマ記憶をエピソード記憶に変える一助となる、きわめて有効な方法です。取り組んでみる価値はおおいにあり、ということができるでしょう。

失敗、別れ、裏切り……トラウマを小さくする法

人生山あり谷ありで、順風満帆のまま過ぎていく人生などありませんから、誰にでも嫌な過去があるはずです。

仕事の失敗、恋愛の痛手、信頼していた人の裏切り……。数えていたら、五指に余る、いやいや一〇指でも足りない、という人も少なくないかもしれません。

しかし、**着実に前に進んでいくには「過去に決着をつける」ことが必要**です。

過去に縛られたままで、嫌な思い、つらい気持ちを引きずっていては、人生の歩を前に進める活力も湧いてこないからです。

ここでもそう、先に述べた「筆記表現法」です。嫌な過去について、そのときの感

情を掘り起こしながら、ポジティブな言葉を意識して、書き綴ってみるのです。

「仕事を失敗して力量のなさを思い知らされた」→「成功させるには○○が足りなかったかもしれない」

「彼との別れは、心底こたえた」→「別れを受け止める心の力がまだなかった」

「あの人が裏切るなんて、あり得ない、信じられない」→「信じたのは自分だし、裏切るより、裏切られるほうがいい」

ポジティブな表現にすることで、(仕事の)力をつけようという、前向きな気持ちが生まれますし、もっと心を強くして新たな恋愛に向き合おうという気力も出てきます。

また、大きな失敗や挫折を体験した人に見られがちな、他者に最初から懐疑の目を向けたり、信じることに対して臆病になったりすることもなくなっていくでしょう。力量のなさを思い知らされて打ちひしがれる。過去の失恋体験がこたえて恋愛することが怖くなる。人を信じることができなくなる。……それとは明らかに違う心持ちでいられるようになるでしょう。

「感情をまじえて書き出す」ことは過去に向き合い、それを乗り越えるのと同時に、その経験を未来に活かすためのものでもあるのです。「この経験が未来に活きる、**必ず活かしてみせる」という気持ちが、自己肯定感を高めない**わけはありません。

◆「キャベツをひたすら切る」ことさえ、癒しになる

嫌な過去といえば、「いじめ」はその最たるものかもしれません。事実、「いじめ後遺症」という言葉があるくらいで、いじめられた経験がいつまでも残り、心が癒されない、安らかでいられない、という人が増えています。

過日、あるテレビの番組でその癒しのヒントにつながる、一人のいじめ後遺症の女性の例が紹介されていました。

その女性にとっては、**ひたすらキャベツを千切りにする——意外や、それが癒しの方法だったの**です。キャベツの千切りは、いかに細く切るかということを意識する行為ですから、それをしているときは、一心に切ることだけに集中しています。余計な思いや考えが入り込んでくる余地がないわけです。

それが心を安らかに、穏やかにすることにつながるのです。これはマインドフルネ

スや禅の考え方からも、十分にうなずけます。

禅では**「そのことと一枚になる（一つになる）」**といういい方をしますが、キャベツの千切りをしているときは、まさしく、そのことと一枚になっているのです。

いうまでもなく、キャベツの千切りは一つの例です。要は自分が集中できること、その行為の対象と一つになれることをする、ということが大切なのです。

誰にでも好きなこと、夢中になれることがあるはずです。

まずはそれを集中してやってみることです。

すると、**集中する（一枚になる。一つになる）という感覚が身体でわかってくる**のです。身についた感覚は他のものにも波及します。すなわち、日常のさまざまなことも集中してできるようになります。

これは、日常のいろいろな場面で癒しの方法を〝実践〟していることになります。

そのことによって、**安らかな心、穏やかな心でいられる時間を増やしていく**のです。

いじめという嫌な過去がどんどん「小さく、丸く」なっていきます。

心の疲れは、必ず身体に出ている

高度な情報化社会の現代は、あらゆる分野にわたって、日々大量の情報が発信されています。それらの情報に間断なくさらされて、人びとは情報過多の状態に陥っています。

情報は〝刺激〟ですから、それを受け続けているうちに、刺激に対する依存度が高まり（刺激依存症）、刺激以外のものに対する感度が鈍っていきます。心や身体の状態に変化が起きていても、それを感じにくくなってしまうのです。

しかも、現代においては、過激でリアルなゲームや、スリルを楽しむアトラクション、刺激的なギャンブル、はては多種多様なドラッグまで、ありとあらゆる「刺激性のツール」がそろっているため、感覚が麻痺したら麻痺したで、さらにその刺激レベルを高めることができてしまう環境にあります。こうなると、もはや繊細な自分の心のありようを見つめることなど、不可能というものでしょう。

イライラしたり、気持ちが晴れなかったりするのは、「心が疲れているから」です。しかし、そのことに気づかない。「心の疲れ」は「身体の異変や違和感」となって表れているはずなのに、そのことにも気づかないことが多いのです。

「なんとなく体調がすぐれない」というのがその典型です。そのまま放っておけば、心はますます疲れ、感情は不安定になります。イライラが嵩じたり、気持ちが塞いだりする、といったことになります。

ところが、先ほど書いたように、現代人の多くは細かな心の状態を観察することができません。そこで、「**まず身体の変化に気づく**」ことが大切です。

◆身体の状態を〝見える化〟する方法

現在、自分の身体がどんな状態なのかを知るために有効なのが「**ボディスキャン**」

です。**仰向けになって頭から足まで全身をスキャニングする。**頭はどんな感じ（重いとか、痛いとか……）がするか、顔はどうか、耳はどうか、首はどうか……というふうに、肩、胸、お腹、腰、膝、足と全身にわたって、その部分にどんな感覚が生じているかをたしかめていくのです。

全身のスキャニングといっても、コツを覚えてさっとやれば、おそらく一〜二分もあればすんでしまうはずです。

「頭がちょっと重い。首に張っている感じがある……」

スキャニングすることで、「なんとなく」の正体に気づきます。身体の状態が〝見える化〟されるわけです。ここが大事なところです。それが疲れた心を癒す、整えていく第一歩になります。

「ちょっと重い」「張っている感じがある」という感覚に注意を払って、二、三回深呼吸をしましょう。呼吸瞑想をすればさらにいいでしょう。

呼吸瞑想は普通にしている呼吸に集中するものですが、うまくできないようであれば、深呼吸でかまいません。

呼吸の際は出ている息に注意を向けます。**スキャニングで気づいた感覚を吐く息と**

ともに出してしまう、それらを呼吸で解消するようなつもりで行なってください。

◆心身一如――思考ばかり優先させない

身体の感覚と感情はつながっています。ふだんなら腹が立たないことで怒ったり、イラついたりする（感情）原因が、頭が重いこと（感覚）にあったりします。

反対に、肩に張りが出ている原因が、気分が滅入っていることにあったりもするのです。

通常とは違う感覚に気づき、呼吸でそれを解消していくと、感情も平静さを取り戻し、落ち着いてきます。長時間仕事をして行き詰まってしまったときなど、深呼吸をすると気分がリセットされて、ふたたび集中力がよみがえってくる、といった経験はみなさんにもあるのではないでしょうか。

私たちは日頃、理性（思考）を優先させて行動しています。やるべきことにどう取り組むかを考えるのが理性です。しかし、取り組んでいるうちに感情が入り込んできます。

「思うようにいかず歯がゆい」「つらい」「焦る」「自分は無力だ」……といったものがそれです。その結果、理性ではその感情をコントロールできなくなって、心が乱れてくるわけです。

「いまこの瞬間の身体の感覚に気づくことは、理性の一歩前の段階に戻っていくこと」だといっていいでしょう。

そして、**身体の違和感を解消していくことで、感情をも理性のコントロール下に置くことができる、**つまり、心を整えることができるのです。

4章

だから、この人は仕事がうまくいく

折れない心をつくる「失敗の振り返り方」

失敗は成功の母である――。

誰でも知っている格言ですが、失敗に終わった仕事を成功の糧にするには、**「振り返り」**が大事です。

ところが実際に失敗したり、自分の欠点に気づいたりしたとき、私たちはどうしても自己否定的感情が湧き起こり、「何もかもうまくいかない」「やっぱり自分は劣った人間だ」と、全体視的に悪い評価を下してしまうクセがあるものです。

この**「全体視」**、**たとえば「できなかった問題もあるけれど、テスト全体ではまずまずの出来だった」というように、ポジティブな方向に作用する場合には自己肯定感**

を支える作用を持つこともありますが、ネガティブな方向に作用してしまうと、**自己存在を根本から否定することにもなりかねません。**

ここで**重要なのが「部分視」、つまり体験した内容や自分自身について「細分化」して見てみるスタンス**です。

先の例でいえば、失敗の中身を子細に検証するのです。どの程度の規模の失敗だったのか、どの段階での何が問題だったのか、想定外のことはなかったか、失敗から学ぶことはないか……検証すべきことはたくさんあるはずです。

できれば、失敗した当事者が自ら振り返りをするだけではなく、**他者からのフィードバックを得ながら行なうのが望ましい**でしょう。違うものの見方、考え方、仕事の進め方をする他者からのフィードバックで、「なるほど、そういう見方（考え方、進め方）があったのか！」といった具合に目を開かれることが少なくないからです。

ところが、**自己肯定感に課題を抱えている人は、失敗をただ「ダメだった」で終わらせてしまうことが多い**のです。これは振り返りではありません。さらに、他者からのフィードバックはもっとも嫌うところです。これには理由があります。

自己肯定感が十分に育っていない人は、手厳しいフィードバックを怖れるのです。

たとえば、「この部分は少し考慮が足りなかったのじゃないか」といったフィードバックが一つでもあると、他に自分を高く評価してくれるフィードバックがあっても、〝考慮が足りなかった自分〟にとらわれ、そのことで頭がいっぱい、いっぱいになってしまうのです。

◆「本当にダメなところだけだっただろうか？」

このように、悪い情報ばかりに注意が向いてしまうことを、認知療法の分野では「選択的抽象化」と呼びます。

少しわかりにくいネーミングですよね。もっとクリアな別名があります。**「心のサングラス」**です。このサングラスをかけることによって、物事のポジティブな側面がすべてマスクされてしまい、悪い面ばかりが気になってしまうという、認知（物事のとらえ方）のゆがみの一パターンです。

ですから、自分は自己肯定感が低いのではないか、と思う人は、まず自分自身で振り返りをしてみることです。そうすることで、当初の「ダメだった」というだけの思いを切り崩していきます。

振り返るときの自分への問いかけ方は、

「本当にダメなところだけだっただろうか？」

です。

そう問いかけたら、たとえば、失敗はしたものの、的確な善後策を講じたことで、損失が最小限に抑えられた、今回は契約がまとまらなかったが、その相手とはパイプができた、二度と同じ轍《てつ》は踏まないぞと心に刻んだ……など、ダメではなかったこと、得られたことが、出てくるはずなのです。

どんなことでもいいのです。頭に浮かんだことを書き出してみる。**仕事の緒についたときから、失敗という結果に終わった時点まで、その全プロセスが〝ダメだらけ〟ということはあり得ません。**このことを理解しましょう。

首尾よく運んだところがいくつもあったから、仕事が途中でご破算にならず、結果を得るところまで進んだのです。端緒が不首尾に終われば、その時点で仕事は白紙になっていたのではありませんか。

「そうか、少しはうまくやったところがあったということか。まあ、勉強にもなったし……よし、今後の糧にしよう」

そう、その調子です。少しずつ自己肯定感は高まっています。

自分の努力をあぶり出す方法

前項とも関連しますが、仕事には常に結果がともないますし、その結果によって、そこに関わった人間の評価が下されます。結果とは、程度には差があっても結局のところ「成功」か「失敗」かです。

難しいのは、自分の努力が必ずしも結果に反映されるとは限らない、ということです。精いっぱい努力したのに失敗することもあれば、たいした努力をしなかったのに成功することもある。結果は他の要素、たとえば、そのときどきの状況やさまざまな事情、さらには運といったことにも左右されるからです。

自己肯定感に課題を抱えている人は、失敗をもたらした要因が、そのときの状況や

事情の厳しさ、あるいは運の悪さであったとしても、それを受け容れることができません。

「今回は悪いことが重なってしまった。失敗もやむなしだな。君はよくやったよ。ご苦労さん」

上司からそんな慈愛に満ちた言葉があっても、それを素直に受け取ることができないのです。自分の頑張りが足りなかった、自分にリーダーシップがないことがいけなかった、詰めが甘かった自分のせいだ……と非をとことん自分に向け、責め続けるわけです。

◆「プロセスの細分化」で見えてくるもの

ここで必要なのは、**たとえ結果がどうであっても、そこにいたるまでのプロセスに目を向けることです**。プロセスのなかで自分がどう関わってきたかを見つめてみるのです。

そのときポイントになるのも、前項で紹介した「**細分化**」です。たとえば、プロジェクトならそのプロジェクトの立ち上げ段階で自分が何をしたか、準備段階ではどうだったか、交渉段階ではどうしたか、最終段階では……？

プロセスを細分化して、そのときどきで自分がしてきたことを振り返ってみます。すると、こういうことが起こります。

「立ち上げのときには、けっこういいアイデアを出せていた」

「準備段階では資料をまとめるために休日出勤をした」

「交渉のテーブルのお膳立てをしたのは自分だった」

プロセスを細分化することで、自分の努力があぶり出されてくるのです。失敗ということばかりに向いていた目を、自分のたどってきたすべての足跡に向けてみることで、〝やったこと〟〝できたこと〟が見えてくる、といってもいいでしょう。

頑張りが足りなかった、当たり前のことをしただけ、と思っていたのに、**「じつは自分は相当たくさんのことをしていた」――そこに気づく。**それが自己肯定感を高めるバネになります。

自己肯定感に課題を抱えている人は、自分のしたことに対して「過小評価」しがちです。認知療法の枠組みでいうところの、「拡大解釈」「過小解釈」がそれです。自分がしたことのいい要素は小さく、悪い要素は大きく見積もってしまうのです。

そしてその繰り返しが、さらなる自己肯定感の低下を生んでしまうという、負のスパイラルにつながってしまいます。

それを思い切って意図的に、正当な評価に変えるだけで（無理なポジティブ思考をいっているのではなく、あくまで「正当」な評価です）、自己肯定感は上向きになります。「プロセスの細分化」はそのための有効なワークです。

上司からの非難、叱責はこう受け止める

どんな組織、企業にも上司と部下の関係があります。部下に指示を出し、管理していくのが上司の役割ですが、同時に部下を育てていくことも、上司には求められています。

部下を育成するうえで、ときに叱責したり、小言をいったりする場面も、当然、出てくるでしょう。どう叱責するか、どんな小言をいうか。それは上司の〝個性〟によるところが大きいわけです。

実際、部下の間では〝おっかない部長〟〝温厚な課長〟といったふうに、上司の個性に対してレッテル貼りが行なわれているものです。前者は感情を表に出し、語気も

荒く、使う言葉も辛辣《しんらつ》になりそうですし、後者の場合は淡々と注意をうながすといった穏やかなトーンになりそうです。

その違いによって受け止め方は変わってきます。

たとえば、まとめるように指示された資料にミスがあった、といったケースで比較してみましょう。

「おまえなぁ、資料のここが違うじゃないか。きっちりやれ！」

いわゆる、雷を落とすという叱責のしかたですが、自己肯定感の高くない人はこれをやられると、ひとたまりもありません。ひどく落ち込むことになります。

その一方、

「資料のここが違っていたよ。まとまった時点でもう一度チェックするのを忘れないことだな」

といったものであれば、比較的冷静に受け止めることができます。

しかし、どんな上司と一緒に仕事するかを部下が選ぶことはできませんから、ここは上司の個性がどうであれ、その叱責や小言をうまく受け止める方法、落ち込まない受け止め方を心得ておく必要があります。

◆相手の感情は無視し、事実だけを受け止める

相手の「デフォルメされた伝え方」から視線を外し、「事実」だけを受け止める。

それがポイントです。

相手の言葉を受け止めるとき、大きく影響するのは、その「表情」や「語調」といったものです。感情をあらわに、語調厳しく叱責されれば、言葉そのものよりそのことに圧倒され、キモが縮み上がるということにもなるわけです。

しかし、**相手が伝えたい事実はあくまで「言葉」にだけある**のです。であるならば、表情や語調は捨象《しゃしょう》してかまわない、ということになりませんか。事実だけをピックアップして、頭のなかで文章化するのです。

例に挙げたケースでいえば、「資料のミスを指摘された」というのが事実。雷を落とされたように感じようが、諭《さと》されているように感じようが、事実としてはこれだけのことなのです。

怒りの感情を向けてきた上司は、たまたまその日の朝、奥さんとケンカをして虫の

居所が悪かったのかもしれません。

はたまた、幼少期から父親に支配的に育てられたために、威圧的に振る舞うことで他者をコントロールする習性が染みついた人なのかもしれません。

「資料にミスがあった」という事実以外の、相手の感情的要素にとらわれるということは、こうした相手のプライベートや生い立ちにまでも介入するのと同じことです。

こうした心情や生育環境の分析は、心理療法家にとっては治療上有用ですが、会社員として仕事をするうえで、その領域にわざわざ立ち入る必要はないはずです。

「要は私がこの部分をミスしたと指摘されているんだ」と事実だけをしっかりと受け止めることで、その事態を客観的に見ることができるはずです。

このような「認知」、すなわち**「出来事のとらえ方のスタイルを自分のなかに確立していく」ことで、どんな事態も冷静にとらえることができ、心が浮き沈みすることが少なくなります**。自己肯定感が低下するようなこともグッと少なくなるでしょう。

「事実だけを聞く練習」、ぜひ、積み重ねていってください。

自己肯定感を高く保つ目標設定法

仕事に目標を持つことは大切ですし、目標を達成したという充実感は、次のステップへと自分を高めていくエネルギーにもなります。目標の設定のしかたも自己肯定感を左右するといっていいでしょう。

たとえば、その年の目標を、

「プロジェクトチームのリーダーになって、案件を成功に導く」

というところに置いたとします。

その心意気は「よし」とするところですが、チームリーダーの椅子は狭き門です。意に反して目標が達成できないということも、当然、考えられるわけです。

そして、「できなかった」という思いは、これまでにも指摘してきたように自己肯定感の低下につながります。

そこで提案させていただきたいのが、**「目標の達成レベルを三段階に分ける」**という手法です。

つまり、「プロジェクトリーダーになって、案件を成功に導く」というもっとも高い目標（レベル3）を定めたうえで、もう少し低い目標、さらに手近な目標、という具合に、目標にレベルの差を持たせるのです。

「プロジェクトチームの一員になって、最後までチームを支えていく」（レベル2）

「チームの外の戦力として、裏方仕事をしっかりやる」（レベル1）

これは志が低いこととは違います。どんなに高い目標を掲げても、それが達成できなければ充実感は得られません。だからといって、達成できるのがわかっていることだけを目標にしたのでは、自分の向上、成長にはつながりません。志が低いというのがこれに当たるスタンスでしょう。

ですから、レベルを三段階に分けることに意味があるのです。

レベル3は達成できなくても、レベル2、あるいはレベル1を達成すれば、そこに充実感がありますし、自己肯定感が下がることにもなりません。

◆「着眼大局、着手小局」でいく

仕事の目標ということでいえば、こんなことがあるかもしれません。

企業にはさまざまなセクションがあります。どのセクションに配属されるかは、上層部によって決定されますから、必ずしも自分が望むセクションにつけるとは限りません。

商品企画がやりたかったのに、経理や営業といったセクションに配属されることもあるわけです。そこで、

「企画で頑張ろうと思っていたのに、なんだ、営業か。出鼻をくじかれた感じ。やる気がなくなっちゃうな」

と、めげてしまうこともありそうです。この状況でも三段階目標設定法が活きます。

「企画部に移り、自分が企画した商品をヒットさせる」(レベル3)

「企画部に移ったときのためにアイデアをためておく」(レベル2)

「営業の経験を企画で活かせるように、いまは営業を一生懸命やる」（レベル1）

たとえば、こんなふうにレベルを設定すると、めげた気持ちにも意欲がみなぎってくるのではないでしょうか。

「着眼大局、着手小局」という荀子《じゅんし》（中国の戦国時代末の儒学者）の言葉もあります。**高い目標を持つのと同時に、いまできることを着実にやっていく。**これも、自己肯定感を高く保つための重要なポイントです。

「ワクワクする感覚」を何よりも大切にする

高い自己肯定感を持っている人には共通するものがあるように思います。

自分の「強み」がわかっているというのがそれです。

心理学の分野でも、自分に「強み」があると感じることができる能力が、本当の自己肯定感につながるのではないか、という議論がなされていますし、米国ギャラップ社では強みを見つけるための診断ツール、「ストレングス・ファインダー」を開発し、近年話題になりました。

強みというのは、自分はこれが「得意だ」、自分にはこれが「できる」という感覚です。誰にでもそれがあるはずなのですが、逆に「不得意」「できない」ところに目が向いてしまうため、強みを見つけることができない、という人もいるのではないでしょうか。

別の項で「妄念」ということについてお話ししましたが、自分自身のこともこの妄念で見ることがあります。

そのことによって、「不得意な自分」「できない自分」というイメージをつくり上げてしまうのです。自ら強みを覆い隠してしまっている、といってもいいかもしれません。

◆自分の強みを見つけ、育てるヒント

強みを見つけるヒントになるのが、子どもの頃の自分を振り返ってみることです。

子ども時代にはワクワクすること、楽しいことがいくつもあったはずです。それをしていると、夢中になって時間のたつのも忘れてしまう……。何時間でも絵を描くことに没頭していた、友だちと話すのが楽しくて、気づくと帰宅時間をとっくに過ぎていた、学校から帰ったらランドセルを放り投げるようにして外に飛び出し日暮れまで遊んでいた……。

私自身のことをいえば、鉄道模型が大好きで、学校から帰るとジオラマをつくるのに夢中。それさえあれば、他におもちゃはいらない、という感じでした。もうジオラマは一つも残っていませんが、いまでもわずかに手元に残った模型の車両を見ると、当時のワクワクした感覚をありありと思い出すことができます。

大人になってからも、何かにワクワクする心は失われるものではありませんし、何かを楽しむことができる自分は必ずいるのです。子ども時代を思い出すことでそのことに気づける。それが大切です。

ワクワク感も、楽しめるということも、ポジティブな心のありようです。自分にそれが備わっていることを発見することは、ネガティブなものの見方や考え方を払拭するきっかけにもなるでしょう。

また、ワクワクできること、楽しめることは、得意なことでもあるはずです。「苦手だ」「不得意だ」という思いに支配されている状況では、それをうまくやれるはずはありません。

まずはどんな小さなことでもいいので、楽しめる要素を見つけてみる。そのことが自分の強みを見つけることにつながります。

子どもの頃、絵を描くことに夢中になっていた人は、創造的なこと、クリエイティブなことが得意かもしれません。話すことが好きだった人は社交性に富んでいて接客が得意かもしれません。外遊びにワクワクしていた人は、外向的で身体を動かすことが性に合っている、といってよさそうです。どれもが強みです。

強みを見つけてください。そして、それを活かしましょう。

「小さな成功体験」を積み重ねていこう

「はじめて自分で自分を褒めたいと思います」

ある年代以上の人はご記憶だと思いますが、一九九六年のアトランタ五輪の女子マラソンで銅メダルを獲得した有森裕子選手が、レース直後のインタビューのなかで語った有名な言葉です。

この前回大会であるバルセロナ五輪（一九九二年）でも銀メダルに輝いていた有森さんにとっては、二大会連続のメダル奪取。その間、故障が相次ぎ、手術に踏み切るといった試練を経てのことだっただけに、誰もが感動的にこの言葉を受け止めました。

自分で自分を褒める。これは、自己肯定感にとって重要なことだと思います。

しかし、これがなかなかできない人も多いのです。

何も有森さんのような大きなことでなくていいのです。誰にでも仕事上の小さな成功体験はあるはずです。それを自分で褒めてあげることはできませんか。

「先方と密に連絡を取ってくれていたんだね。助かったよ」

上司からそんな言葉をもらっても、

「それが仕事だし、当たり前のことをしただけ」

そんなふうに受け取る人がいます。

しかし、そのことが仕事全体を支えてもいるのです。

だったら、〝成功体験〟と位置づけてもいいではないですか。だから、「よくやった」と自分を褒めてあげていただきたいのです。

そうすることで、「穏やかな自己価値感」が生まれてきます。

それが重要なのです。

「穏やかな自己価値感」とは、蓄積されていくものです。そして、しだいに自己肯定感を高めていってくれます。

◆「穏やかな自己価値観」の育み方

いうまでもないと思いますが、「穏やかな自己価値感」と「うぬぼれ」とは違います。

小さな成功体験を、率直に「まあ、よくやったんじゃないかな」といったふうに、やや抑制的に受け止めるのが穏やかな自己価値感です。

これが冷静さを失った自尊感情、つまり、うぬぼれになると、「よし、やった。自分はすごい。なんでも来いだ」といった受け止め方をして、有頂天になってしまう。これらは蓄積されるどころか、すぐにも打ち砕かれます。いってみれば、自分を見失っているのですから、当然の帰結です。

もっとも、自己肯定感に課題を抱えている人は、うぬぼれとは遠いところにいるわけですから、あらためて警句を発するまでもないと思いますが……。少なくとも、うぬぼれタイプの人を見て、「あんなふうに自分はなれない」と落ち込む必要はまったくないことを知っておいていただきたいのです。

小さな成功体験をたくさん見つけましょう。たとえば、仕事相手に対しては、いつでも「おはようございます（こんにちは、こんばんは）。いつもお世話になっております」と自分から先にしっかり挨拶をして、丁寧にお辞儀をする。きっと相手は、「○○さんと会うと、いつも気持ちがいいな」と感じるはずです。

あるいは、相手からのメールには、できる限りポジティブな言葉で返信する。これも、「この人は気持ちのよい人だな」と思われるに違いありません。

こうした**誰かを心地よくする行為、誰かに感謝される行動は、成功体験に十分値するの**ではないでしょうか。そして、もちろん、それができた自分を褒めることも忘れないでください。

「朝のルーティン」を変えてみる

同じオフィスにいる人のなかにも、出勤してすぐさま仕事モードになれる人と、しばらく〝脳の暖機運転〟が必要な人がいます。その出足の違いは仕事の量にも質にも影響を及ぼしそうです。

仕事への〝臨戦態勢〟をつくってオフィスに入るには、朝起きてからの時間の決まった過ごし方、**「朝のルーティン」**を改善することをおすすめします。

ちなみに、私は起きるとすぐに窓を開け、新鮮な空気を入れて伸びとともに深呼吸をします。太陽が昇っていれば、その光を浴びる。ほんの一〇秒か一五秒のことですが、毎朝、必ず実行しています。

起きる時間については、身体の求めに応じて、少々、〝寝坊〟をすることがあってもいいでしょう。

もちろん、理想的には起床時間は一定であるのがいいわけですが、身体が疲れているときなどは睡眠を取ることに重きを置く。決まった起床時間にこだわると、その時間に起きられなかった場合、自分を責めることにもなり、それが自己肯定感を低下させることにつながってしまうこともあります。

◆決め手は「覚醒モード」のつくり方

朝のポイントは朝食をしっかり取ることにある、と私は考えています。太陽光を浴びて光の刺激を受け、朝食を取って胃腸を動かし、軽いストレッチなどで身体を動かす──。

その流れで身体も心も脳も「覚醒モード」になるのです。

朝食を抜いてしまうビジネスパーソンも若い世代を中心に大変多いようですが、それでは午前中はずっと睡眠モードが続き、覚醒するのは昼になってから、ということになりかねません。

覚醒してから一四～一六時間くらいで、就寝モードの脳内ホルモン「メラトニン」が出てくることが、睡眠医学の分野で明らかになっています。

覚醒するのが遅ければ、ホルモンの分泌時間も遅れて、寝つきが悪くなり、朝スッキリ目覚められない、という悪循環となります。

したがって、**朝の過ごし方で睡眠の質が決まる**のです。

（少々の寝坊は大目に見るとして）覚醒モードをきちんとつくる。朝のルーティンの眼目はそこです。

じつはそのことと自己肯定感は関わっています。

日本の企業では午前中からキビキビ動き、テキパキ仕事をこなすことが〝できる人〟として認められ、そして信頼される大きな要素になっています。

周囲から信頼されることは、自己肯定感を高める一つのファクターですが、そのためには、朝から仕事を着手できる覚醒モードをつくっておくことが不可欠だと思います。

「休日くらいは覚醒モードから離れたい」

そう考える人もいるでしょう。

いまのビジネスパーソンは総じて睡眠負債をため込んでいますから、〝寝だめ〟が必要かもしれません。

だったら、土曜日をそれにあてる。そして、日曜日は通常どおり覚醒モードをつくったうえで一日を過ごすというふうにするのです。

月曜日の朝が来ると憂うつになる「月曜病」や、日曜日の夕方になると気持ちが落ち込んでくる「サザエさん症候群」に罹患しないためにも、この休息法を採用してはいかがでしょうか（注：月曜病もサザエさん症候群も、もちろん正式な病名ではありません。念のため）。

5章

自己肯定感を高める、10のワーク

目標設定のワーク①
四つの「やりたいこと」を書き出す

自分のやりたいことがすぐに思い浮かばない、はっきりしない……。これは自己肯定感に課題を抱えている人にありがちな傾向です。

そこで取り組んでいただきたいのが「目標設定のワーク」です。呼吸瞑想（深呼吸でもかまいません）をしたあと、「やりたいこと」を四つ書き出します。

①いますぐやりたいこと
②数日から一カ月くらいの間にやりたいこと
③二、三年の間にやりたいこと

④人生の目標

二、三年先のこと、人生の目標といっても、すぐには思い浮かばないかもしれません。そうであれば、無理に書く必要はありません。

また、いますぐやりたいことは、ハンバーガーが食べたい、お風呂に入りたい、トイレに行きたい……といったごくシンプルなことでいいのです。これなら書けるはずです。

このワークは自分のなかにある「何かをしたい」という感情を引き出すためのものです。**自己肯定感の高い人と比べ、そうでない人は、意識下でやりたいと思っていることを抑え込んでしまいます。**幼少期から、決定権を与えられてこなかった、すべてを指示されてきた、自分が選択したことを褒められたことがなかった、といった経験をしてきたことで、自分の希望（やりたいこと）は、くだらないことなのだ、人から批判されることなのだ、と決めつけてしまうというふうに刷り込まれているからです。

書き出すことによって、埋没していた「やりたい」という自然な感情が、しだいに引き出されてきます。

◆「書き出す」と、必ず心に変化が起こる

二〇代後半の女性にこんな人がいました。きちんとした仕事を持ち、経済的には豊かなのに、とくに何かをするでもなく、ひたすら貯蓄に回していたのです。

理由を尋ねると、「したいこともありませんし、将来が心配ですから……」という言葉が返ってきました。

しかし、このワークを続けているうちに、希望が引き出されてきました。それまで一度も海外旅行をしたことがなく、したいとも思わなかったという彼女の口から、「タイ旅行がしてみたい」という希望が語られたのです。強い自制心から解放されはじめたといっていいでしょう。

実際、タイに出かけ仏教寺院を見たり、ヨガを体験したりして、おおいに楽しんできた彼女は生まれ変わったように、活動的になったのです。

最近、全人口の五人に一人が該当するとされ、注目されているＨＳＰ（ハイリー・センシティヴ・パーソン＝敏感で繊細な人）にも、このワークは有効です。

さまざまなことに敏感すぎる人も、やはり、自己肯定感は低くなりやすいのです。

自分が何か批判されやしないか、といつもビクビクしてしまう。PTSD（心的外傷後ストレス障害）の患者さんもこれと似た感覚の過敏性を示すことが知られていますが、HSPの人は過去にトラウマ体験がなくても、音や光などの物理的刺激や、周囲の環境、他者との関係における心理的刺激にとても敏感なのです。

ですから、普通の人が気にしないような何気ない言葉も痛烈な自己批判のように感じてしまい、ストレスの蓄積からうつ病を発症したり、不安症状が生活に支障をきたすようになったりすることも少なくありません。

じつはこのHSPに該当する人たち、外的環境に対する警戒心が強いだけでなく、他者の心情をすぐに察したり、豊かな想像力を備えていたりという長所も知られています。

しかし、それも極端すぎると弊害を生じます。他者の考えを察しすぎるあまり、「あの人、いま体調が悪いのかも」とか「この人はいま楽しめていないんじゃないかな」といった他者への憂慮に心が支配されてしまい、自分へのケアがいつも後回しになってしまうのです。

自分が楽しいこと、自分が心地よい環境、自分がラクになれる対人関係、そんな「自分目線」の見方ができなくなってしまっている。そんなＨＳＰの人たちが少なくありません。

こうした人たちにも、気持ちが落ち着いたときに「やりたいこと」を書き出してみる方法は大変有効で、根気よく続けていくと心の変化が起きてきます。書き出すのは一日一回でも、一週間に一回でも、ひと月に一回でもいいでしょう。頻度にこだわる必要はありません。

目標設定のワーク②
目標に、よりリアルな肉づけをする

前項に続きますが、この**「やりたいことを書き出すワーク」**は、思いつくたびにメモ帳に書き足していきます。もちろん、スマホのメモ機能を使ってもかまいません。**最初のうちは「いまやりたいこと」しか増えていきませんが、続けていると、「一週間後にやりたいこと」や、さらには「何年か先にやりたいこと」が出てくるようになります。**

たとえば、「(一週間以内に)美容室で髪を切りたい」「(二年後には)車を買い換えたい」といった具合です。内面と向き合えるようになって、そこにある希望や目標が表面化するのです。

おおまかな希望事項が書けるようになったら、その内容を少しずつ具体化していきましょう。車が買いたいのなら、「できれば外車が欲しいな。そう……おしゃれなフランス車。シトロエンのコンパクトカーがいい！　色は赤で、内装はファブリックのシート。もちろんオートマ車。五年落ちくらいの中古車で、走行距離は三万キロくらいに抑えたいな」などといった具合に、**希望や夢をリアルな観点でふくらませてみましょう。**

ふだんは漠然とした希望や夢が意識に浮上してくる瞬間があっても、「どうせできっこない」とか、「自分にそんな夢を持つ権利はない」といったふうに考えてすぐ却下してしまうのが、クセになっている人がいます。このクセは、自己肯定感を低下させます。

そのように自らの夢を否定することの繰り返しによって、本当は持っているはずの夢や希望が完全に意識下に押し込められ、自分ではけっして引き上げることのできない、「心の海深く」に沈み込んでしまうのです。

この「目標設定のワーク」に取りかかる際には、ぜひこう考えてみてください。

「人に見せるわけじゃないし、思い切って、やりたいことをぜんぶ、具体的に書き出

してみよう」

こうやってあえて詳細に、「リアルな感じ」に書き出してみる。そうすることで、「**私のやりたいことを、少なくとも私自身には伝えてもいいんだ」という思いを持つことができるようになっていきます。**

それはすなわち自分自身への「ゆるし」、さらには自分への慈悲の念を培っていくことにほかならないのです。

◆内なる希望・願望に気づき、心のブレーキを外す

このワークには一つ厳守していただきたい〝ルール〟があります。「**やらなければいけないこと（To Do）」ではなく、必ず「やりたいこと（Wish）」を書く**というのがそれです。

そうすることによって、内面にある「何かをしたい」という感情（希望・願望）に気づくのです。

そして、気づくことで自己の存在を抑えつけている過剰なブレーキを手放すことが

でき、それを実行しようという活力が湧いてきます。

また、信頼できる人と書き出したことをお互いに見せ合うのもいいでしょう。**人の希望や願望を知ることによって触発され、「あっ、自分もそれをしたい」という思いになることが少なくない**からです。

ただし、これは本当に「心から信頼できる人」と行なうようにしてください。親御さんでも、旦那さんや奥さんでも、学生時代からの親友でもかまいません。「相手にこんな願望を見せたら気を悪くするかもしれない」などと、見せることに心配の念が強いうちは、一人で行なうことをおすすめします。

すでに何かができている人を見て、「自分もあんなふうにできたら……」というのは羨望です。

羨望感というのは「できていない自分」に跳ね返ってきて、自己嫌悪、すなわち自己肯定感の低下をもたらすことにもなります。

これに対し、心を許せる相手と一緒に、同じ「やりたいこと」があるという状態を体験することは、羨望感とは違って「共感」をもたらします。共感は励みにもなりますし、活力に弾みをつけてもくれるでしょう。

なお、実行するかしないかは自由。活力にまかせればいいのです。
実行するというところまで課題にしてしまうと、プレッシャーになるからです。
内なる希望、願望に気づく――。
それがこのワークの最大の目標です。

「モメンタム」を養う
――〝生きるエネルギー〟の高め方

このところさまざまな分野で語られるようになったのが「レジリエンス」という言葉です。ストレスやつらいことに負けない抵抗力、落ち込みから立ち直る復元力といった意味で主に使われています。竹のようにしなやかな強さを持った心といってもいいでしょう。

もちろん、この時代を生き抜くためにレジリエンスは不可欠ですが、もう一つ、**心の低迷状態、つまり「パッとしない状態」から引っ張り上げ、さらには活力を与えるような心的エネルギーが重要である**、と私は考えています。

私がこの三年あまり、ビジネスパーソン向けに禅やマインドフルネスの精神性を取り入れた講義やセミナーを共同開催させていただいているＪｏｙＢｉｚコンサルティング社の恩田勲社長は、このような心に前向きの推進力を与える力を「**モメンタム**」という名称で、広く紹介しています。心身ともに健康に、そして明るくポジティブに生きていくために、レジリエンスとともに必要不可欠な要素が、この「モメンタム」です。活力を持って希望や願望を実現していきながら、それを楽しく幸せに生きていくことにつなげていくのです。

マインドフルネスは、いまに目を向け、いまやりたいことに気づき、実行することです。それを発展させて「well being」に、すなわち楽しく、幸せな状態に持っていくのが、先に述べた「目標設定のワーク」のめざすところなのです。

やりたいことが長期展望に立って出てくるようになると、大きな心の変化が見られるようになります。

たとえば、こんな希望を持つようになってくるのです。

「親が元気なうちに温泉に連れていってあげたい」

「自分の仕事で人の役に立ちたい」

変化がわかるでしょうか。

そう、**当初は自分だけに向いていた心が人にも向けられるようになる**のです。

◆「well being」の連鎖を起こそう

自己肯定感が不足している人は、自分のごく周辺しか意識することができない状態になりがちです。

引きこもりの人に典型的に見られることですが、自分のこと、自分が引きこもっている部屋のことだけに意識が集約され、そこから広がっていかないのです。それが変化して、**人のことを意識できるようになる、人にも目を向けられるようになる、ということは自己肯定感が高まったということにほかなりません。**

すると、物事に向き合う姿勢が違ってきます。それまでは、与えられたものだから、ただなんとなくこなしていた仕事にも、

「これを自分がしっかりやることで、メンバーの助けにもなって、チームの役に立てるんだ」

という思いで取り組むことができるようになります。

けっして自己犠牲的に他者に奉仕する姿勢ではありません。**あくまで自分が主体的に楽しみながら、他者に貢献していくスタンス**。そこには、卑屈さのかけらも存在しないのです。それがチーム全体を「well being」の状態に引き上げます。

べつに大それたことでなくてもいいのです。ごく日常的なことに関しても着実に、行動の選択が、柔軟に変化していきます。いつもコンビニやスーパーで買った出来合いのものですませていた食事が、「よし、今日は手づくりカレーをつくろう」というふうになっていく。そんな前向きな「well being」の連鎖をつくることは、誰もが実現できるのです。

趣味を絞ってみる
——「一点集中」が人生を好転させる

いい趣味を持つことは生きる喜びともなりますし、人生に潤いを与えてくれもします。たとえば、藤井聡太さんの登場で注目度が急上昇した将棋。腕前の拮抗《きっこう》する仲間と将棋盤を挟み、勝ったり負けたりしながら親交を深める。趣味によって和やかな人間関係が築かれますし、ともに楽しい時間を過ごすことができます。いい趣味の好例でしょう。

そうした趣味ならいくつも持っていいと思いますが、なかにはこんな人がいるのではないでしょうか。

多趣味ではあるものの、一つひとつの趣味に打ち込んでいない、趣味をどこか軽んじている――というタイプです。

とにかく趣味をたくさん持つことに躍起となる。それ自体が目的になっているのです。テニスのサークルに入る一方で、散策グループ（歩く会）にも属し、陶芸教室にも通えば、句会や茶会にも顔を出す……。

スケジュール帳を趣味、また趣味の時間で埋め尽くし、「ここまで多趣味な人間はそうはいないだろう」と悦に入っているという具合です。

◆「一行三昧《いちぎょうざんまい》」という禅の教え

たしかに、たくさん趣味を持てば、多くの同好の士が得られるでしょうし、その場が自分の居場所にもなります。

人は居場所がないと不安になるところがありますから、そのことが安心感につながるということはあるでしょう。

しかし、人間がそんなにたくさんのことに心血を注げるものでしょうか。趣味に心血を注ぐなどというと、たかが趣味にそう大仰な表現をすることはないだろう、と感じる人もいるかと思います。

しかし、たかが趣味に、されど心血を注ぐからこそ、つまり、全身全霊で打ち込んでこそ、心からその趣味を楽しめるのです。

そのことをいっているのが次の禅語です。


「一行三昧」


一つのことに一心に集中する、という意味です。何事につけてもそのかまえ（姿勢）が大切である、と禅は教えます。

あれもこれもと、さまざまな趣味を、いってみれば、〝片手間感覚〟でやっていても、自己実現することなどできないのではないでしょうか。一行三昧のかまえで臨むから、そのなかで自己実現をしている自分を感じることができるのです。

いうまでもないと思いますが、自己実現体験は自己肯定感を高める重要なファクターです。

趣味もやはり、量より質です。まずは視点を一つに据えて、そのことに打ち込んでみる。スポーツ系（テニス、ゴルフ……）でも、文化系（俳句、お茶……）でも、また、芸術系（陶芸、書……）でも、その奥行きは深いのです。

どれも自己投入する価値が十分にある世界ですし、自分を投げ入れていけば、自己実現もできるはずです。

やたらに資格を取る「資格マニア」ならぬ、「趣味マニア」になるより、一つの趣味と全力で取り組む「趣味人」になりませんか。

絆《つながり》のワーク――あえて自分を小さくしていく法

自分への強いこだわり。これも自己肯定感に課題を抱えている人に共通するものだ

といっていいでしょう。

肯定する価値などない（と思い込んでいる）自分、周囲から批判される対象でしかない（と考えてしまっている）自分に、強くこだわっているのです。

そもそも、自分自身の価値うんぬんをまったく気にしない人は、自己卑下することもなければ、自責の念にかられることもないはずです。幼少期の家庭環境、思春期の友人関係など、なんらかの要因で自分の存在を否定してしまう心が肥大していくなかで、「自分は人からどう思われているか」「自分は人よりも劣っているだろうか」と自分へのこだわりが常に心のなかを支配するようになるのです。

そんなこだわりを手放すために、ぜひ、トライしていただきたいのが「絆のワーク」です。

題材はどんなものでもかまいません。たとえば、一杯のお茶を飲みながら、自分がこのお茶をこうして味わえるまでに、いったいどんなつながりがあったのか、そのことを連想してみるのです。

お茶の葉を丹精込めて育て、収穫して、焙煎、出荷したお茶農家の人たちが、まずつながっています。さらには流通関係者、小売業者といった人たちがいます。お茶を淹れた急須や茶碗をつくった職人さんも、つながりの一部です。

もっと源流をたどれば、茶畑に降る雨は、海や川、大地の水分が上空にのぼっていってできた雲によってもたらされます。一杯のお茶が、まさに大自然の営みの産物であることをイメージできるでしょうか。

「一滴潤乾坤（いってきけんこんをうるおす）」という禅語があります。

ひとしずくの雨がなければ大地を潤すことはできない。物事の大小、多少の概念を超越して、どんなに小さなものも軽んじることなく、感謝と敬意を持って生きるべし、という禅の境涯（生き方のスタンス）を指したものです。

もっと身近なところでは、幼い頃、ご両親や学校の先生に「一粒のお米も多くの人たちの〝お陰〟があって、はじめて口にすることができる」という話をしてもらったことはありませんか。

一杯のお茶も同じです。それを味わえるまでには、大勢の人たちのお陰、つながりがあるのです。

◆「みんな同じ一人の人間じゃないか」

人だけではありません。お茶の葉を育む大地、太陽（光）、雨、風といった自然も、つながりのなかにあります。そして、もちろん、お茶をいただいている自分もそこにつながっています。

たった一杯のお茶を味わうという、そのことだけにも、たくさんのつながりがある。そう考えると、自分の存在も、生きていることも、つながりによって成り立っていて、自分もちゃんとそのつながりの一端を担《にな》っている、ということがわかってくるのではないでしょうか。

「諸法無我《しょほうむが》」

これは仏教の根本的な考え方を示す言葉です。

その意味は、森羅万象、すべての存在も、また、現象も関わり（つながり）のなかで存在しているのであって、独立して存在する「我《われ》」などというものはないのである、という意味です。

自分に対するこだわりは、それがプラスのこと（人より優れているとか、立場が上であるとか）であれ、マイナスのこと（肯定する価値がないとか、批判の対象でしかないとか）であれ、「我」です。

仏教はその「我」など、人の心がつくり出した想像の産物であり、本来実体のないものであると教えているのです。だったら、手放してしまえばいい。

以前、マインドフルネス研究の第一人者である早稲田大学の熊野宏昭教授が、

「自分を小さく、小さくしていくのが、マインドフルネスです」

とおっしゃっていたのを覚えています。

自分を小さくしていくというのは、もちろん、自分を矮小化《わいしょうか》するということでは

ありません。「我」を手放し、世界（森羅万象）のつながりの一要素（一部）として、たしかに存在している自分を感じなさい、ということだと思います。

親もきょうだいも、上司も同僚も、友人知人も、誰もが等しくそうなのです。自己肯定感に課題を抱えている人は、人に対してはやさしくできるのに、自分にはそのやさしさを向けてあげることができない、ということにどうしてもなりがちです。

しかし、**「みんな同じ一人の人間じゃないか」と思えたら、自分だけを逆の意味で“特別扱い”していることの無意味さに気づきませんか。**そして、自分にもやさしくなれる、自分を慈しむことができる、という気がしてきませんか。

詩人の金子みすゞさんの『わたしと小鳥とすずと』という作品のなかに次のような一節があります。

「みんなちがって、みんないい」

見かけも、性格も、個性も……みんな違ってはいても、一人ひとりが素晴らしい存在です。このことは、ぜひ、心に留めておいていただきたいと思うのです。

人にいわれて、うれしかった言葉を思い出す

ここで、これまで自分が生きてきた時間をちょっと振り返ってみてください。

何か心に残っている言葉はありますか。

「あるには、あるのだけれど……」と、戸惑っている方が少なくないのではないかと思います。

戸惑いの理由はさまざまだと思いますが、その一つは、心に残っているのが褒められたり、讃《たた》えられたりした言葉ではなく、自分に向けられた批判の言葉だったり、叱責の言葉だったりする、ということにあるのではないでしょうか。

人は好意的な言葉を案外覚えていないものです。心にチクリときた言葉のほうがい

つまでも記憶されていたりします。私自身も「いいね」系の言葉はあまり残っていませんが、逆に「ダメだね」系の言葉はいくつも思い出すことができます。

それでも、意識して記憶をたどるとうれしかった言葉が思い出されます。小学校時代に、「ドッジボールがうまいね」「一輪車に上手に乗れるね」……たしかに、そんなふうにいわれてうれしくなったことがありました。

うれしいと感じたのは、それが自分を肯定してくれる言葉だったから、その言葉によって自分が自己肯定感を持てたからでしょう。

つまり、**「うれしかった言葉を思い出すことは、自己肯定できていた自分にあらためて出会う」**ことなのです。

いまこの瞬間からはじめられる、おすすめしたいワークです。

また、かつて自分がどんな子どもだったかを、気の置けない昔からの友人に聞いてみるのもいいと思います。

「そういえば、おまえ、みんながサボりながら掃除をしているときに、一人真面目にやってたよな。よく覚えているよ、あの姿……」

「私、転校生だったじゃない。緊張していた自分に最初に声をかけてくれたのはあなただった。うれしかったな」

親しかった友人であれば、必ず、いいところ、素敵な面を見ているはずです。損得勘定も、利害関係もはたらかない関係にある相手でなければ語れない、子どもの頃の素顔の自分がよみがえってくるでしょう。これも自分を肯定することにつながりそうです。

◆いい思い出には、自己肯定感を高めるタネが埋まっている

子どもの頃を一番近くで見ているのは親です。

ただし、自己を肯定することがなかなか難しい人の場合、親に対して心を開くことができなくなっていることも多いものです。ですから、親に子ども時代のことを聞くには少し時間がかかるのではないでしょうか。

そうであれば、優しく接してくれた祖父や祖母、かわいがってくれた友人のお母さんに聞いてみるのがいいかもしれません。親と距離がある子ども時代を過ごした人は、親代わりのように接してくれた人のことを思い出してみていただきたいのです。

「あなたは気が弱くて、おとなしい子だったけれど、ここぞというときはゆずらなかった。芯は強い子だったわよ」

子ども時代という過ぎ去った時間には、自分を肯定できる〝タネ〟が埋まっているものです。いまからでも遅くありません。それを掘り起こしにかかりましょう。

誰かを慰めてあげた言葉を今度は自分に投げかける

自分が関わっている人の表情が曇っていたり、気落ちしている様子がありありと見て取れたりしたら、誰でも何かしてあげたいと思います。最近、そんな状況がなかったか、思い起こしてみましょう。

誰かを慰めてあげたことはありませんか。
悩んでいる相手に何か言葉をかけませんでしたか。
失敗した人を励ましたことはなかったでしょうか。
いたわりの言葉はどうでしょうか。

自己肯定感に課題を持つ人はしばしば、自分を犠牲にしてでも他者のために尽くす

行動を選択することがあります。他者がつらい状況にあるとき、それを思いやる心の温かさを持っている人たちなのです。

だから思い返してみると、悩んでいる人の相談に乗ってあげたり、手伝ってあげたりしたことがいくつもあるのではないでしょうか。

「失恋した友人に〝私はどんなときもあなたの味方よ〟といって慰めたことがあった」

「会社の人間関係で悩んでいる人に〝うまくいかなくてもいいんじゃない？　距離を置いてそれなりにつき合っていけばいいさ〟と声をかけた」

「仕事でミスをして落ち込んでいた同僚を〝一緒に気分を変えよう。これから一杯やろうよ〟と励ました」

などと、自分が相手にかけてあげた、温かな励ましの言葉を思い出せたでしょうか。

さあ、本題はここからです。

人に対して投げかけたそんな素敵な言葉を、あえて自分に対していってみるのです。声に出していえなかったら、心でいってもかまいません。

「どんなことがあったって、自分は自分の味方だよ」

「うまくいかないことがあったって、それはそれでいいじゃないか」

「さあ、一杯やって気分転換しよう」

人を慰めたり、励ましたり、いたわったりできる言葉は、自分を慰め、励まし、いたわってもくれる言葉です。

ところが、自己否定傾向の強い人は、他者に対してはやさしい言葉をかけてあげられても、自分自身にそのような言葉をかけることについては「おこがましい」とか、「そんな甘い言葉を受け取ってはいけないんだ」などと否定的にとらえる傾向が顕著です。

これではあまりにも不平等だと思いませんか。

自分に対しても、他者に対しても、同じように公平に見てあげることが、広き心のありようであり、本当のやさしさにほかならないのではないでしょうか。

◆人を思いやるように、自分を思いやる

はじめはなかなか自分に対するやさしい言葉を、素直には受け取ることができないかもしれません。

それでもいいのです。とにかく、**何度でも、何度でも、温かなメッセージを自分自身に投げかけてほしいのです。**

思い当たる状況がなかったら、想像してみてもいいのです。**もし、自分にとって一番大切な人が悲しみに沈んでいたら（悩み、苦しんでいたら……）、どんな言葉をかけてあげられるか――**。じっくり考えてください。そして、それを自分に向かっていうのです。

このワークは米国テキサス大学の心理学者クリスティン・ネフ博士らのグループが提唱している**「セルフ・コンパッション」**を高めるための実践法のひとつです。

セルフ・コンパッションとは自分への慈しみを指しており、「自慈心」と和訳されています。**「人を思いやるように、自分を思いやる」**という姿勢のことで、東洋的、仏教的な思想における「慈悲の精神」から発祥した概念です。

自己否定の傾向が強い人は、他人は思いやれるのに、自分を思いやることが苦手なのです。そんなことをしたら、自分を甘やかすことになるのではないか、という思いがあるからでしょう。

「自分だけは休んではいけない、自分だけは甘えてはいけない」というメンタルブロ

ックを氷解させる。それが、こうした人たちの心に救いの手を差し伸べることとなるのです。

いまこそ、自分に対して厳しいその心をほぐしてあげましょう。自らに対する思いやりの言葉をかけ続けているうちに、心がほぐされていって、思いやっていい自分であることが、必ずや実感されてくるはずです。

好奇心を広げ、「心の門」を開く

みなさんは会話のなかで自分が知らないことが話題にのぼったとき、どんなふうに感じるでしょうか。

二つあると思います。一つは、「ぜんぜん知らない世界のことなんて、まるで興味が湧かない」というもの。もう一つは「へぇ～、そんな世界があるのか。面白そうだな」というものです。

前者は好奇心が希薄、後者は旺盛といえるでしょう。

じつは好奇心と自己肯定感もつながっています。好奇心を持って何かに注意を向けると、人間のネガティビティ（後ろ向きな考え方の傾向）は弱まり、ポジティブにな

っていく**（自己肯定感が高まる）**、という研究データが報告されているのです。

自己否定の傾向が強い人は、さまざまなものに好奇心を持つことをしなくなってしまう傾向があります。自分のなかのものさしに合致するものしか受け容れないのです。なぜならば、未知の物事に取り組めば、自分の想定外の状況が発生する可能性があるわけで、そのような想定外の状況、つまり自らの力でコントロールできない状況は、できるだけ避けるべきものだからです。

自己肯定感と似た要素として、本書で紹介した「自己効力感」を思い出してください。自分一人でなんとかやりくりできる、達成できるといった感覚が自己効力感でした。**自己肯定感、自己効力感が不足している人は、これ以上自己効力感を下げなくてもすむように〝安全パイ〟、つまり安全の保障された物事にしか取り組まない、という生き方のスタンスを選びやすい**のです。

こうした傾向は、対人関係においても顕著です。

たとえば、他者のありように対しても「人はみな、物静かで謙虚であるべきだ」という自分ルールをつくってしまって、〝豪放磊落〟なんて人は認めない、受け容れないといった、心の壁を築きやすいのです。

そうして、自分のものさしで測ることのできない、いわば「領海の外」の物事についてはあえて好奇心を持たないというかたちで自国（自分の心）の安全を守ろうとするのです。

ですから、豪放磊落な人の人間的な魅力にも気づくことができませんし、その人とつき合うことで自分のものさしを広げることもないのです。

◆自分の〝世界〟を大きくしていくために

一事が万事です。趣味にしても自分が「これだ」と決めたもの以外はシャットアウトしてしまう。これでは、人づき合いの幅も広がりませんし、自分の世界も狭くなって当然です。

これと対極にあるのが禅であり、マインドフルネスです。

すべてを認め、受け容れる。たとえば、鎌倉の大本山、円覚寺の管長をされている横田南嶺《なんれい》老師は、一見すると禅とはまったく関係がない分野の方々を講師に招き、講演会を催されたり、対談の場を持たれたりしています。

そしてこうした対話のなかから、共通の精神性、すなわち、豊かな心で生きていくためのヒントが、数々導き出されていくのです。

禅以外の世界に対しても、一貫して開かれた心をお持ちなのだと感じています。どんなことに対しても「これはダメだ」という決めつけをしない。

こんなことを私が申し上げるのは僭越《せんえつ》ですが、高い自己肯定感が保たれていないと、横田老師のように全方位に好奇心を持ち、また、門戸を広げるということはできません。

知らないもの、見たことがないものが怖い、というのは全人類共通の心の性質であり、怖れがなければ外敵から身を守ったり、危険から逃れたりすることはできません。

自己肯定感が十分に育っていない場合に問題となるのは、未知のものが怖いという感情の虜《とりこ》になったまま、抜け出すことができない、ということなのです。自分の知らないものが入ってくると、傷つけられるのではないか、という不安が常に心を支配しているため、好奇心の門戸を閉ざし、既知のもののなかから、都合のよいものを選び取って、そのなかで生きている状態といえるでしょう。

ウォルト・ディズニーにこんな言葉があります。

「ぼくたちは前進を続け、新しい扉を開き、新たなことを成し遂げていく。なぜなら、好奇心が旺盛だからだ。好奇心があれば、いつだって新たな道に導かれるんだ」

少しでもいい、何に対してでもいい、未知のものに好奇心を持つというスタンスを心がけてみませんか。そこから導かれる道は広い世界につながっています。

少欲知足——究極の自己肯定感の高め方

自己肯定感と密接に関わっているものに「執着」があります。

お金に対する執着、ものへの執着、地位や名誉に対する執着……。人の執着はさまざまなものに向けられますが、その対象がどんなものであれ、執着が強い人は高い自己肯定感を持つことが難しくなります。

何かを手に入れても、もっと欲しいと欲張るのが執着だからです。

もっと欲しいというのは、現状に満足できないということの表れです。つまり、「いまのこんな自分では嫌だ」と思っているわけですから、自分を肯定できるはずがないのです。

人が一番執着しがちなのはお金をはじめとする、資産でしょう。たとえば、年収一〇〇〇万円をもらっていても、執着がある人はさらに求めます。かりにヘッドハンティングでもされて、年収が一五〇〇万円になったとしても、そこで執着が消えるということはありません。

執着はスパイラルとなってどこまでも続くのです。それは、巨万の富を築こうと、社会的に高い地位につこうと、世の中で有名になろうと、執着がある限り自己肯定感は低いまま。心は安らぐことなし、です。

◆「これで十分、ありがたい」と感じる幸福

仏教にこんな言葉があります。

「少欲知足」

文字どおり、欲を少なくして足ることを知る、ということです。足ることを知るとは、何に対しても、どんな状況も「これで十分、ありがたい」と受け止めることだといっていいでしょう。

言葉を換えれば、そのときどきのありのままの自分を受け容れる、ということです。それが欲から離れること、執着を手放すことであり、揺るぎない自己肯定感を持つことにつながるのだと思います。

知足についてお釈迦様はこうおっしゃっています。

「知足の人は、地上に臥《ふ》すと雖《いえど》も、なお安楽なりとす。不知足の者は、天堂に処《しょ》すと雖も亦意《またこころ》に称《かな》わず。不知足の者は、富めりと雖も而《しか》も貧し。知足の人は、貧しと雖も而も富めり」

その意味は、足ることを知っている人は、地面に寝るような暮らしをしていても、心は安らかである。足ることを知らない者は、天の御殿のようなところに住んでいても、心が満たされることがない。足ることを知らない者は、いくら裕福であっても心は貧しい。足ることを知る人は、貧しくとも心は豊かである——ということです。

三蔵法師として知られる唐の名僧、玄奘《げんじょう》は、この知足をさらに一歩進めて「**小欲喜足**」と説きました。

十分満たされていると知るだけでなく、そのような充足した心のありようを喜んで、いつも感謝の念を忘れない——という、三蔵法師の温かき心を表した語といえるでしょう。

知足の精神は「安らか」で、「豊か」な心をもたらす。究極の自己肯定感はそんな心に宿る。私はそう思っています。

ちなみに、世界遺産に登録されている「石庭」で有名な京都・龍安寺《りょうあんじ》の茶室の露地に置かれた蹲踞《つくばい》には、「吾唯知足（われただたるをしる）」の文字が刻まれています。龍安寺は臨済宗妙心寺派の大変由緒ある禅寺です。この禅語は禅の心を象徴するものといってもいいでしょう。

いつでも、どんなときも、いま、そこにいる自分を「これで十分、ありがたい」と受け容れる心を持っていたいものです。

苦に「逆らう」のではなく「寄り添って」生きる

「生老病死」を四苦としたのはお釈迦様ですが、誰もこの苦から逃れることはできません。ここでは、このうちの「老」について考えてみることにしましょう。

人は生きてさえいれば、一人の例外もなく、老いという現象を経験します。

しかし、**老いをどう受け止めるか**、その受け止め方は一様ではありません。

若さに拘泥《こうでい》して老いに抵抗する人がいます。

六〇代になってなお、

「三〇代のあの体力があったらな」

「せめて、四〇代の肌のツヤが戻らないかしら」

と若かりし頃にしがみついて、老いたいまの自分を嘆くわけです。

もちろん、若さを取り戻すことはできませんから、代替になるものを探す。どう見ても歳に不相応な派手なファッションをしたり、若づくりメイクをしたりするわけです。美容整形手術やシワ取りの注射、アンチエイジングクリームなど、いわゆる「コンプレックス産業」にお金を投じるのは、当然のことながら、いつまでも若く、美しくいたいという思いからです。

もちろん、それを一概に悪いなどとはいいません。自分でお金を稼いで、それを自分磨きに使って、実際に美しくなる。その体験が自己効力感を高めてくれることだってあるでしょう。

しかしながら「老い」という自然現象からまるで逃げ惑うかのごとく整形手術を繰り返したり、すすめられるままに美容化粧品を次々と買いあさったりといった行動は、自己肯定感が不足していることを表すものといわざるを得ませんし、そのような行動を続けても本当の自己肯定感を得ることは期待できません。

老いは若さの喪失ということだけではないのです。それまでの経験によって身についた円熟味、練れた人格といった、おおいに歓迎すべきもの、素晴らしいものも、老いによってもたらされるのです。

それらは肯定できるものでしょう。その肯定感を土台にすることが大切だと思います。そのうえで、おしゃれでも趣味でも自在に楽しむ。すでに広く認知されている「ちょい悪オヤジ」はその見本かもしれません。

ちょい悪オヤジと呼ばれる人々は、うわべを着飾っているだけではありません。円熟した男性ならではの渋みや、練れた人格という内面の格好よさが備わっているから、若々しいファッションの背後に大人としての魅力、風格といったものを感じさせてくれるのでしょう。

〝お返しする生き方〟が人生を完成させる

老いをいきいきと輝いて生きるために、「現役感」を持っていただきたいと思うのです。リタイアしたあとでも、余生を楽しむだけではなく、できることを、楽しみながら一生懸命やっていく——。

仕事を通じて蓄えた知識や磨いた技術を社会に還元しているシニア世代の人たちを

見ていると、本当に素敵な人たちだなと素直に感じますし、あのように自分も年を重ねたいと思うのです。

たとえば、海外駐在が長く英語が得意であれば、地域の子どもたちに英語を教える、コンピューターに詳しければ、その扱いが苦手な高齢者向けに、「やさしいパソコン教室」を開く、といった人がいます。

それは生涯現役の生き方に直結しますし、〝**お返しする**〟**という目標を持ち続けることで自己肯定感が高まる**ことは、すでにお話ししたところです。

生涯現役といえば、二〇一七年に一〇五歳で亡くなった日野原重明先生（聖路加国際病院名誉院長）は、理想的な生き方をされた方だと思います。九〇代になっても医療の現場に立ち、一〇〇歳を超えてからも先生のスケジュールは二年、三年先まで埋まっていたといいますから、まさに〝驚異の現役〟です。

医療のほか、精力的に著作活動、講演活動もされ、ピアノによる作曲を手がけ、箱根駅伝やなでしこジャパン（サッカー日本女子代表）の熱烈なファンでもあり、おしゃれにも特段の気配りをしていたという日野原先生。汲めども尽きぬ好奇心の持ち主でいらっしゃったことがうかがわれます。

その日野原先生に老いについて触れた次のような言葉があります。

「老いた身のいちばんの不幸は孤独であり、積極的に生きる方向と目標がともに定かでないことである。この孤独は、老いた人間を悲しく沈没させてしまう」

生きる方向と目標を持ち続けていたら、沈没することなどないのだ、と先生はおっしゃっています。みごとなまでにそれを実践され、〝不沈〟のまま日野原先生は人生の幕を下ろされました。

いくつになっても目標がなくなるなんてことはないのです。要はそれを見据える目があるかどうかでしょう。

目標は人生に希望を与え、前に進む活力を注入してくれます。前進していれば自己肯定感はおのずと築かれていくのです。

赦《ゆる》しのワーク――人生は二カ月で変わりはじめる

ここまで自己肯定感を高めるためのさまざまなワークを紹介してきました。そうしたワークを十分やったうえで、最後に取り組んでいただきたいのが、ここで紹介する**「赦し（許し）のワーク」**です。

これは主に上座部仏教などで行なわれる**「慈悲の瞑想」**を私なりにアレンジしたものです。許す対象はまず自分です。

基本になるキーワードは四つ。

「幸せ」「健康」「安全」「（心の）安らかさ」がそれです。

心のなかでキーワードを念じます。

「私が幸せでありますように」
「私が健康でありますように」
「私が安全でありますように」
「私が心安らかに暮らせますように」

これらはいずれも自分を慈しむ言葉です。自己肯定感を高めるうえで「自慈心」がきわめて重要であることは、覚えていらっしゃいますか。

自分は仕事で失敗したかもしれない。人間関係がうまくいかなかったかもしれない。誰かに腹を立てたことがあったかもしれない……。

しかし、それでも一生懸命頑張っているのだから、そんな自分を許そう。許して、幸せになろう、健康になろう、安全でいよう。心安らかでいよう。そう念じることで、自分を慈しむ気持ちが育っていきます。

次は対象を自分以外にも広げます。自分が大切に思っている人、たとえば、配偶者や恋人、子ども、きょうだい、両親、といった人に対して、

「夫が幸せ（健康、安全、心安らか）でありますように」

「彼が健康（幸せ、安全、心安らか）でありますように」

「子どもが安全（幸せ、健康、心安らか）でありますように」

「両親の心が安らか（幸せ、健康、安全）でありますように」


と自分と同じように念じます。

いい回しや言葉の順番を変えてもかまいません。配偶者や恋人など大切に思っている人との間でも、自分が傷つけられたと感じること、怒りを覚えることなどがあるでしょう。それを許し、相手に慈しみの気持ちを向けるのです。

仕上げは苦手な人です。

ソリが合わない会社の上司、いつも皮肉をいうあの人、どうしても好きになれないあいつ……。しかし、彼らも自分なりに一生懸命生きているのだから、許そう。そして、彼らにも慈悲の心を向けよう。そういう思いで四つの言葉を念じます。

「そうはいっても、苦手な人、嫌いな人を慈しむなんて、おいそれとはできない」

当然です。ですから、手順を踏んで自分を許す、慈しむところからはじめることに意義があるのです。

それができるようになったら、徐々に大切な人に、さらには苦手な人、嫌いな人に、許しと慈悲の心を向けていけばいいのです。急ぐことはありませんし、焦る必要もありません。

◆自分より先に大切な人を優先してもよし

また、自己を否定してしまう傾向が強いうちは、大切な人に対してはこのワークができても、自分自身に対しては慈悲の念を向けられないということもあるでしょう。そんなときには、先に大切な人に対して行なってみてください。

そしてそのあと、**「相手にも慈悲を向けたんだから、自分にもこの時間だけは慈悲の言葉をかけてあげてみよう」**という気持ちで、自分への慈悲の言葉にチャレンジしてみるとよいでしょう。

それでも、自分自身に慈悲を向けることに強い抵抗を感じる人もいらっしゃると思います。このような心理的反応を「バックドラフト」といいます。この言葉は本来、火災現場で、密閉された空間での不完全燃焼が原因で可燃性の一酸化炭素ガスが貯留し、その状態で建物の一部が壊れたり、ドアを開けたりすることで一気に酸素が流入し、大量の一酸化炭素と結合して大爆発を起こすという現象のことを指します。

これを心理学に応用して、いままで自分に対して愛情や慈しみを向けることをしてこなかった人が、慈悲の瞑想などを通して意図的に自分を慈しむ言葉をかけることで、強い抵抗や嫌悪感、恥ずかしさなどのネガティブ感情を体験するのが、この「心のバックドラフト現象」です。

大切なのは、こうした現象が自分にも起こり得ると知っておくことです。そうすれば、いざこの「赦しのワーク」に取り組む際にネガティブな想念が生じても、「ああ、これがバックドラフト現象か」と理解することができます。

すると、その感情すらもマインドフルに眺めながら、ワークを続けることができるようになることを、私はたくさんの患者さんや、ワークショップの受講生のみなさんに経験していただいています。

◆「今日一日は」という重要なキーワード

このワークにはもう一つ、重要なキーワードがあります。

「今日一日は」がそれです。

許すのも、慈しむのもまずは、「今日一日は」でいいのです。

明日は、明後日は、許せないかもしれない。しかし、**「今日一日は許そう（そして、慈しもう）」**。これであれば、できそうな気がしてきませんか。

そんな「今日一日」をつなげていく、積み重ねていく。それはほかならぬ禅の精神そのものであります。

毎日の慈悲と感謝の積み重ねが、幸せで豊かな人生をかたちづくっていく。そのようにして、自分を許せる（慈しめる）自分、人を許せる（慈しめる）自分、をつくっていっていただきたいのです。

海外の主なマインドフルネス・プログラムの多くは、通常、八週間、二カ月間の設定になっています。

なぜか。

それは、**人は少なくとも二カ月間程度かけて何かに取り組むと習慣としてそれが身につく**からです。

これは禅の修行についてもいえることで、春先に入門したときにはとにかく足が痛くて苦しいだけの坐禅でも、初夏の声を聞く頃になると不思議とほんの少し、打ち込めるようになったりするものです。

もちろん、禅の修行は一生涯が基本ですから、数カ月でレベル1をクリア、とロールプレイングゲームのようにはいきません。それでも、最低二カ月間は開き直って続けるようにすると、それらしい姿になってきます。

ですから、**紹介したワークも二カ月間はできるだけ続けていただきたい**のです。すると、それが習慣になって、自然にワークに入っていけるようになりますし、効果も実感できるようになるでしょう。

（了）

人生《じんせい》がうまくいく人《ひと》の自己肯定感《じここうていかん》

著　者――川野泰周（かわの・たいしゅう）

発行者――押鐘太陽

発行所――株式会社三笠書房

〒102-0072 東京都千代田区飯田橋3-3-1
電話：(03)5226-5734（営業部）
：(03)5226-5731（編集部）
http://www.mikasashobo.co.jp

印　刷――誠宏印刷

製　本――若林製本工場

ISBN978-4-8379-2739-6 C0030